uji

je suis temps

Du même traducteur
(aux éditions *encre marine*)

yui butsu yo butsu
seul bouddha connaît bouddha

shōji
vie-mort

busshō
la nature donc bouddha

in-mō
ça

zenki
chaque instant est un instant de plénitude

collection « encre marine »
ISBN : 978-2-35088-161-4

dōgen

shōbōgenzō

uji

je suis temps

有時

入宋傳法沙門 道元撰

extrait de
shōbōgenzō
de dōgen zenji
maître zen
du XIIIe siècle

---

nouvelle traduction du japonais, introduction et commentaires
de Charles Vacher
postface de Françoise Dastur

photographie de Hiroshi Sugimoto

encre marine

Ten En Kakuji, 21e abbé de Shōryūji, Saitama-ken, est l'auteur de la calligraphie de Shōbōgenzō Uji qu'il réalisa à Eihei-ji en 1686. Grâce à l'entremise du Docteur Hiroshi Kasagami, nous avons pu obtenir de l'abbé de Shōryūji, Ryūchū Shōbū, l'autorisation de photographier le manuscrit.

Les photos sont de M. Kogure, Akane Studio, Tōkyō.

有時

入宋傳法沙門　道元撰

Uji, composé à partir de caractères écrits de la main de Dōgen Zenji.

À la mémoire de Takashi Kasagami
(1943-2018)

La traduction du fascicule Uji 有時 du Shōbōgenzō, éditée par Encre Marine en 1997, était le résultat du travail en commun entre Eido Shimano et moi-même. Plus de vingt ans ont passé. Aujourd'hui, Eido Shimano nous ayant quitté, et alors qu'une nouvelle édition s'impose, je me retrouve seul face à ce texte majeur.

C'est une traduction profondément refondue que je propose dans ce petit ouvrage.

Introduction

Chronologie : la pérégrination de Dōgen

DŌGEN 道元 naît en 1200 dans une famille de l'aristocratie de Kyōto. Orphelin très jeune de ses parents, il monte à Yokawa, l'une des branches du grand complexe monastique du Mont Hiei (Hieizan), siège de la puissante école Tendaï 天台. Il y reçoit une formation éclectique combinant la tradition exotérique de Tiantai Zhiyi (*j.* Chigi) 智顗 (538-597), basée sur une pratique systématique de la méditation, et un ésotérisme radical importé de la Chine des Tang par Kūkai 空海 (774-835) et adopté par Saichō 最澄 (767-822), le fondateur du Tendaï 天台 japonais.

Insatisfait, le jeune Dōgen, prenant son bâton de moine, descend du Mont Hiei, consulte son oncle au temple Onjō-ji entré en dissidence avec Hieizan. Sur ses conseils il reprend son bâton et intègre le Kennin-ji à Kyōto où professent le maître de méditation Eisaï, formé en Chine à l'école ch'an (*j.* zen) et son successeur Myōzen. En 1223, le jeune Dōgen, en qualité d'assistant de Myōzen, embarque pour traverser la mer de Chine à la recherche du ch'an authentique. Il finira par le trouver en la personne de Ju-ching 如浄.

En 1227, il revient au Japon et à Kennin-ji « les mains vides », dit-il, en contraste avec les religieux japonais qui revenaient de Chine chargés de livres, de statues et autres objets de culte. De nouveau insatisfait, il établit son propre temple, d'abord modestement à Fukakusa (1230) puis plus solidement en fondant le Kōshō-Hōrinji (1233) à Uji près de Kyōto, entouré d'un groupe de disciples remarquables dont Ejō qui jouera un rôle primordial dans la rédaction et la diffusion de ses œuvres.

C'est à ce moment crucial de sa vie religieuse (1239-1243) que Dōgen compose une série de textes fondateurs : *Je suis temps* (Uji, composé en 1240), *Le Son des vallées, la Forme des montagnes* (Keiseisanshoku), *Le Sūtra des montagnes et des rivières* (Sansuikyō), *Le Miroir ancien* (Kokyō), *La Nature de bouddha* (Busshō), *Chaque instant est un instant de plénitude* (Zenki), *Ça* (Inmo), etc., qui constituent, selon beaucoup, le cœur de son chef-d'œuvre, le *Shōbōgenzō* 正法眼蔵.

La pérégrination de Dōgen se poursuit quand il abandonne Kōshō-Hōrin-ji pour se retirer, avec la plupart de ses fidèles disciples, dans les sombres ubacs d'Echizen, où il fondera Eihei-ji. Sa longue marche connut son terme lorsque, très malade, il rentra à Kyōto pour y mourir le 28 août 1253, à l'âge de 53 ans.

Le parcours de Dōgen s'est effectué dans une période charnière de l'histoire du Japon. Le gouvernement militaire de Kamakura défie le système impérial de Kyōto et s'empare du pouvoir ; révoltes, insécurité, catastrophes naturelles, famines et épidémies se succèdent. Kyōto est une ville dévastée. Le pessimisme ambiant s'exprime dans la croyance que la loi bouddhique était en voie de disparition (*mappō* 末法). Dōgen n'y souscrira pas.

Un bouddhisme nouveau, direct et épuré, y apparaît, sous l'impulsion d'un groupe d'*alumni* entrés en sécession avec leur *alma mater*, le Mont Hiei et le Tendaï. Ces dissidents se nomment : Eisaï, Hōnen, Dōgen, Shinran, Nichiren, Enni, Ippen, Ryonin.

Uji 有時

Le texte qui nous occupe ici, *Uji*, était initialement destiné à un groupe d'élèves venus s'initier à un style d'enseignement nouveau que Dōgen venait d'importer de Chine. La plupart d'entre eux avaient été formés au strict et éclectique bouddhisme Tendaï pour ensuite se ranger à l'enseignement de Dainichibō Nōnin, fondateur de *Darumashū* (école de Bodhidharma). Considérée comme la première école zen du Japon, cette école survit difficilement aux attaques du Tendaï et à l'interdiction du gouvernement en 1194. Un grand nombre de ses adeptes rejoignirent les rangs de Dōgen.

Dōgen connaissait toute la gamme disponible des écritures bouddhiques, et non-bouddhiques, de la tradition extrême-orientale. Son affinité avec le Sutra du Lotus ne se démentira jamais. Le zen qu'il professe n'est pas un zen révolutionnaire. C'est un bouddhisme recentré sur ses dogmes fondamentaux et sur ses principes originels : méditation, sapience et discipline, tout en intégrant les apports des bouddhismes chinois et japonais. C'est donc aux sources du bouddhisme qu'il convient de se rendre pour trouver les idées maîtresses qui sous-tendent son œuvre en général et *Uji* en particulier.

Dans cette recherche, je me suis principalement appuyé sur les remarquables travaux de grands savants francophones, spécialisés dans le bouddhisme Mahāyāna, surtout Guy Bugault, mais aussi Étienne Lamotte, Jacques May, Lilian Silburn, Paul Demiéville et sur l'examen critique des savants japonais du « Bouddhisme critique » (*hihan bukkyō* 批判仏教). J'ai consacré une part de mon temps à la lecture de la nouvelle traduction par Paul Swanson de l'œuvre maîtresse de Zhiyi, le fondateur du bouddhisme Tiantaï : *Mo-Ho Chih-Kuan*, ainsi qu'aux *Doctrines de l'école japonaise Tendaï*, de Jean-Noël Robert. J'ai lu avec intérêt le tout récent *Les Mille et une vies du Bouddha* de Bernard Faure. J'ai également consulté deux traductions, avec commentaires, récentes d'*Uji*. Elles sont de bonne qualité, tout en restant des œuvres à vocation principalement confessionnelle : *Being-Time* de Shinshu Roberts et *Deepest Practice, Deepest Wisdom* traduit par Daitsū Tom Wright et Shōhaku Okumura. Par contre, je n'ai recouru que d'une manière limitée aux dialogues ch'an des Tang et des Song, et aux *Transmissions de la lampe*. Les œuvres de Pierre Nakimovitch et de Frédéric Girard consacrées à Dōgen (citées en bibliographie) m'ont été très utiles. J'ai fait quelques escapades chez Tchouang-tseu avec l'aide de Jean Francois Billeter et Romain Graziani. Finalement, le chapitre II « La mesure du temps » de l'ouvrage d'Henri Poincaré, *La Valeur de la science*, est venu apporter de l'eau à mon moulin.

Uji ou la loi de causalité

Si l'impossibilité de reconstituer l'enseignement *verbatim* du Bouddha est mise en évidence avec beaucoup d'éloquence par Bernard Faure (in *Les Mille et une vies du Bouddha*), il n'en reste pas moins que certains dogmes ont traversé quasi immuablement toute l'histoire du bouddhisme. Il s'agit de **l'inexistence du soi** et **la loi de causalité**.

L'inexistence du soi (*anātman*) est le plus singulier d'entre eux, car il marque une rupture franche avec la longue tradition indienne attachée à la notion d'*atman* (et, accessoirement, avec notre tradition occidentale). Il implique non seulement la récusation du soi, fût-il individuel ou universel, mais aussi le rejet de toute entité, substantielle ou éternelle, dont les choses (les *dharma*) dépendraient et à partir desquelles elles naîtraient.

Le réel est constitué d'une multitude de *dharma* inconsistants, qui ne durent qu'un instant, se regroupent et se séparent selon une loi qui constitue l'autre enseignement tout aussi fondamental du bouddhisme : la **loi de causalité** ou de **l'agencement**, connue aussi sous les noms plus techniques de coproduction conditionnée, de coproduction en consécution, d'origination en dépendance (*pratītya-samutpāda, j. engi* 縁起) ou plus populaires de karma. (Dans mes commentaires, pour simplifier, j'utiliserai indifféremment les termes de « loi de causalité », de « coproduction » et de « karmique »). Cette loi se définit comme la séquence temporelle de cause à effet, sans commencement ni fin, à laquelle absolument rien n'échappe. Elle est sans base sous-jacente, ni entité suréminente.

Elle est résumée sous forme d'axiome :

> « *Quand ceci est, cela est ;*
> *ceci apparaissant, cela apparaît.*
> *Quand ceci n'est pas, cela n'est pas ;*
> *ceci cessant, cela cesse.* »

Nous y trouvons les deux éléments qui composent *uji* : *u* 有 « ceci… cela », il y a, ce qui existe, et *ji* 時 « quand », le temps. Le lien de cause à effet peut être parcouru dans les deux sens : de l'effet à la cause, de la cause à l'effet.

Nous sommes au cœur du texte qui nous occupe. Le nom que Dōgen donne à la coproduction n'est autre que *uji*. Il affirme : *tout ce qui est* [étant coproduit en consécution] *est* [donc] *temps*.

Poussant plus loin l'étude du procès causal, on découvre que les termes qui le constituent (*ceci, cela*) sont, selon la doctrine de l'inexistence du soi, dénués de toute identité propre (*anātman*), rendent l'axiome de la coproduction conditionnée inadéquat.

D'où la nécessité d'appliquer la notion des **deux vérités** à la coproduction conditionnée.

Si l'on pose un regard superficiel sur le train du monde, l'on voit bien que *cela* dépend de *ceci*, les deux paraissant indépendants l'un de l'autre. Il s'agit de la vérité vue sous l'aspect de la convention, une **vérité d'enveloppement** (qui recouvre la vacuité) ou **empirique**. Par contre, si l'on va jusqu'à l'ultime, l'on découvre que *ceci* et *cela*, étant insubstantiels, proviennent eux-mêmes d'un concours de circonstances, de causes et de conditions, sans commencement ni fin. Se dévoile alors la vérité vue sous la face de l'ultime,

vérité de sens ultime, celle des choses telles qu'elles sont vraiment, dans leur **vacuité**, « des mots et des choses apaisement béni », dira Nāgārjuna.

Alors la coproduction s'effondre et se dissout en vacuité, celle que décrit Nāgārjuna dans les stances dédicatoires des *Stances du milieu par excellence*: « *Sans rien qui cesse ou se produise, sans rien qui soit anéanti ou qui soit éternel, sans unité ni diversité, sans arrivée ni départ, telle est la coproduction conditionnée, des mots et des choses apaisement béni* » (traduction de Guy Bugault, p. 35).

Ainsi Jacques May a pu dire que la coproduction est « le point d'articulation entre les deux vérités ». Plus encore: « *La réalité absolue [de sens ultime] coïncide avec la réalité de surface [empirique] en tant qu'elle l'annule; et tout son être consiste dans cette annulation* » (in *La Philosophie bouddhique de la vacuité*, p. 126).

La **triple vérité parfaitement fusionnée** (*ch. santi* 三諦) élaborée par Zhiyi est une extension purement chinoise de la double vérité. La troisième vérité, vérité médiane 中, fusionne en elle l'ultime et le conventionnel. En lisant *Uji*, nous verrons que c'est dans le *maintenant même*, dans l'instantanéité, que fonctionne cette triple vérité.

Le « Bouddhisme critique »

Dans sa défense du bouddhisme authentique, le mouvement « Bouddhisme critique » (*Hihan bukkyō* 批判仏教), emmené par deux grands universitaires de l'Université bouddhique de Komazawa, Hakayama Noriaki et Matsumoto Shirō, a pu identifier dans le bouddhisme extrême-oriental, notamment dans le bouddhisme japonais, un certain nombre de déviations par rapport aux dogmes du premier bouddhisme que nous venons de mentionner (*anātman* et *pratītya-samutpāda*).

C'est ainsi que, sous l'influence du bouddhisme Huayan 華厳 (*j.* Kegon), la causalité temporelle et impersonnelle est devenue une causalité spatiale et mutualisante. Certaines notions remettent en cause l'inexistence du soi, car elles se fondent sur des notions jugées substantielles ou éternelles. En s'acculturant au Japon, le bouddhisme aurait adopté sans hésitation certaines croyances discutables – comme l'éveil originaire (*hongaku* 本覚), la nature-de-bouddha (*busshō* 佛性), selon lesquelles tout être, quel qu'il soit, est virtuellement bouddha –, d'autres, empreintes d'une forte dose d'animisme, autant de croyances qui, selon les défenseurs du « Bouddhisme critique », ne méritent pas le nom de Bouddhisme, bref, « ne sont pas bouddhistes ». Ils en tirent des conclusions d'ordre sociologique que nous n'évoquerons pas ici.

Hakayama et Matsumoto considèrent que, si Dōgen a pu s'égarer dans certains des travers du bouddhisme japonais, il s'est fortement ressaisi pendant les dernières années de sa vie, comme en témoignent certains textes tardifs du *Shōbōgenzō* écrits au Eiheiji.

Il ne m'appartient pas de juger de la validité des arguments de ces deux éminents érudits. J'ai simplement résolu de me servir de leur critique comme axe de référence pour l'analyse du texte qui nous occupe. *Uji* faisant partie des textes écrits par Dōgen dans la force de l'âge (il avait quarante ans), il est possible d'y déceler certains de ces « travers », si tant est que ce soient des « travers ».

À travers *Uji*, Dōgen procède à un examen critique de la coproduction. Il y apporte le résultat de l'expérience méditative et intellectuelle qu'il a acquise au Japon, puis en Chine, une rhétorique partiellement empruntée aux textes et anecdotes ch'an des époques Tang et Song, un style constamment sous tension, tout en restant agile, qui demeure unique dans la littérature japonaise, par le détail et la profondeur de la réflexion qu'il impose (et au traducteur et) au lecteur.

Uji est saturé de mots désignant le temps. En plus du *ji* 時 de *uji*, nous trouvons : いま *ima* (maintenant), とき *toki* ou *ji* (temps ou heure), あるとき *arutoki* (parfois), しばらく *shibaraku* (un moment), 而今 *nikon* (le maintenant même), 時節 *jisetsu* (la saison). 尽時 *jinji* désigne tous les temps réunis. Toutes ces désignations aboutissent à *uji* 有時.

Comme il le faisait souvent, il est fort probable que Dōgen ait revu, corrigé et approfondi le texte qu'il destinait initialement à un auditoire de moines et de laïcs. Nous sommes donc en présence d'un texte qui doit être lu attentivement plutôt qu'écouté.

Une introduction en survol ne suffit pas à sonder la profondeur de ce texte. Les longs commentaires qui accompagnent la traduction aideront, ne serait-ce que partiellement, à le faire.

Charles VACHER
(Tokyo, octobre 2018)

Bibliographie sélective

BILLETER, Jean-François, *Études sur Tchouang-tseu,* Éditions Allia, 2004

BILLETER, Jean-François, *Quatre essais sur la traduction*, Éditions Allia, 2018

BUGAULT, Guy, *La Notion de 'prajñā' ou de sapience selon les perspectives du 'Mahāyāna',* Éditions E. De Boccard, 1968

BUGAULT, Guy, *L'Inde pense-t-elle ?* Presses Universitaires de France, 1994

DASTUR, Françoise, *Figures du néant et de la négation entre Orient et Occident*, Éditions Les Belles Lettres, Encre Marine, 2018

DEMIÉVILLE, Paul, *Choix d'études bouddhiques*, E.J. Brill, 1973

Encyclopédie Philosophique Universelle, Dictionnaire 2, Les Notions Philosophiques. (Entrées de Jacques May, Isabelle Robinet, etc.)

FAURE, Bernard, *Les Mille et une vies du Bouddha*, Éditions du Seuil, 2018

GIRARD, Frédéric, *Les Dialogues de Dōgen en Chine,* Librairie Droz, 2016

KALUPAHANA, David J., *Causality: The Central Philosophy of Buddhism,* The University Press of Hawaii, 1975

LAMOTTE, Étienne, *Conditioned Co-production and Supreme Enlightenment*, Buddhist Studies in honour of Walpola Rahula, Gordon Fraser, 1980

LAMOTTE, Étienne, *Histoire du bouddhisme indien*, Université de Louvain, Institut Orientaliste, 1976

LOORI, John Daido, *The art of Just Sitting*, Wisdom Publications, 2002, 2004 (textes sur *shikantaza*)

MAY, Jacques, *Candrakīrti, Prasannapadā Madhyamakavrtti*, Adrien Maisonneuve, 1959

May, Jacques, *La Philosophie bouddhique de la vacuité*, Studia Philosophica, vol. XVIII, 1958

Murti, T.R.V., *The Central Philosophy of Buddhism,* George Allen and Unwin, 1955

Nāgārjuna, *Stances du milieu par excellence*, traduit de l'original sanskrit, présenté et annoté par Guy Bugault, Éditions Gallimard, 2002

Nakimovitch, Pierre, *Dōgen et les paradoxes de la bouddhéité*, Librairie Droz, 1999

Poincaré, Henri, *La Valeur de la science,* Flammarion, 2011

Robert, Jean-Noël, *Les Doctrines de l'école japonaise Tendaï,* Maisonneuve et Larose, 1990

Roberts, Shinshu, *Being-Time*, Wisdom Publications, 2018

Shields, James Mark, *Critical Buddhism*, Routledge, 2016

Silburn, Lilian, (sous la direction de –), *Aux sources du bouddhisme*, Fayard, 1977 et 1997

Sugimoto, Hiroshi, *Le Notti Bianche*, Skira editore, Milano, 2017 (splendide série de *Theaters*)

Sugimoto, Hiroshi, *Accelerated Buddha*, Éditions Xavier Barral, 2013 (textes en langue française)

Uchiyama, Kōshō, *Deepest Practice, Deepest Wisdom. Three fascicles from Shōbōgenzō with Commentaries*, traduit par Daitsū Tom Wright and Shōhaku Okumura, Wisdom Publications, 2018 (comprend traduction de et commentaires sur *Uji*)

Waldron, William S., *The Buddhist Unconscious*, Routledge Curzon, 2003 (sur le bouddhisme Yogācāra)

Zhiyi, *Tien T'ai Chih-I' Mo-ho Chih-kuan, Clear Serenity, Quiet Insight*, traduit par Paul L. Swanson, University of Hawai'i Press, 2018 (première traduction complète de l'ouvrage fondamental et de quelques autres textes de Zhiyi, le fondateur du bouddhisme Tiantai)

shōbōgenzō

uji

je suis temps

有時

入宋傳法沙門 道元撰

Extrait de
Shōbōgenzō
de Dōgen Zenji
Maître Zen
du XIIIe siècle

nouvelle traduction du japonais, commentée par Charles Vacher

正法眼藏第二十

有時

uji

(yuji)

shōbōgenzō n° 20

有時

古佛言

有時高々峯頂立

有時深々海底行

有時三頭八臂

有時丈六八尺

有時拄杖拂子

Un ancien bouddha dit :

Me tenant sur le plus haut des pics, je suis temps
Marchant au plus profond de l'océan, je suis temps
Trois têtes et huit bras eſt temps
Seize ou huit pieds eſt temps
Le bâton et le chasse-mouches sont temps

L'ancien bouddha est Yakusan 薬山 (*ch.* Yaoshan) (751-834), maître ch'an (*j. zen*) sous la dynastie des Tang. Au moment où il compose ces vers, il est un moine accompli grâce aux paroles éclairées de Daijaku (*alias* Baso) reprises dans le dialogue qui figure vers la fin d'*Uji*.

On imagine Yakusan arrivé au pied de la montagne, voyant la montagne, la gravissant par étapes et, parvenu à la cime, assis en méditation (*dhyāna, zazen*) ***sur le plus haut des pics***, il ne voit plus la montagne, il ne voit plus rien, il n'y a plus rien à voir. Tout est dissous dans la lumière. Il est à l'ultime. Le *dhyāna* est l'une des deux vertus que cultive le *boddhisattva* (l'être à éveil).

Au plus profond de l'océan, au cœur de la réalité empirique, Yakusan cultive l'autre vertu du *bodhisattva*, la sapience (*prajñā*), l'étude et la clairvoyance. *Dhyāna et prajñā* sont les deux ailes sans lesquelles un oiseau ne saurait voler. Dans le fascicule *Sansuikyō*, écrit quelques mois après *Uji*, Dōgen indiquera que « *les sages habitent les montagnes et les eaux…, conſtamment en repos, conſtamment en mouvement* ».

Le ***Je suis temps*** de Yakusan n'est pas le *Je suis Brahman* du brahman qui s'identifie à une entité suprême. Ce n'est pas davantage un *je suis Le temps* car alors le temps serait hypostasié, ce qui est irrecevable. Bien que le *je* ne soit qu'implicite dans la citation originale, nous laissons le bouddhiste Yakusan dire *je suis temps*. Son *je* n'est pas subversif ; il est à la fois générique, désignant indistinctement *nous tous, vous tous, tout ce qui eſt*, et indécidable, car le *je*, la personne, étant un faisceau temporel de causes et de conditions, est sujet, comme nous le verrons, à désagrégation et à éclatement.

L'insubstantialité de toute chose est bien connue de Yakusan. Ce que nous appelons « choses », par commodité, sont en réalité les produits, des événements, de la loi de causalité (*j. engi* 縁起). Jacques May lui donnera un nom plus apte à illustrer notre propos, celui de coproduction *en consécution*, au sens que tout ce qui est, y compris les personnes, est coproduit et *est temps*.

Les lignes suivantes ne pouvant être formellement attribuées à Yakusan, il est permis de penser qu'elles sont l'œuvre de Dōgen.

Les ***trois têtes et huit bras*** sont, soit ceux d'un *ashura*, l'une des huit divinités belliqueuses qui protègent l'enseignement de Bouddha, soit, plus vraisemblablement, ceux de l'un des cinq « rois de sapience » (*myō-ō*), déités courroucées de l'iconographie ésotérique (très présente à Hieizan et familière à Dōgen) qui incitent à une pratique vigoureuse. Les icônes et statues de cette époque étaient considérées comme des présences vivantes, entrant en communication directe et réciproque avec le méditant qui leur faisait face. Il ne s'agit pas, pour Dōgen, d'apporter sa caution à une méthode ésotérique de méditation. Dans le cas présent, *trois têtes et huit bras* est le moine lui-même, paré contre les passions, les faux savoirs et armé pour pratiquer la Voie avec zèle et vigilance.

Seize ou huit pieds est la hauteur des statues du Bouddha, respectivement en pied ou assis en position de lotus. Elles représentent les deux vertus que nous avons signalées plus haut : sapience et méditation.

Le ***bâton*** et le ***chasse-mouches***, symboles d'autorité et d'authenticité, ne se réduisent pas à de simples objets. Dans le fascicule *Jishō zanmai* Dōgen dira : « *Le bâton de marche du moine est un sutra qui exprime directement le Dharma sous tous ses aspects en faisant spontanément éclater la dualité entre "néant" et "existence"… Le chasse-mouches est un sutra qui balaye la neige et fait fondre le gel…* »

有時露柱燈籠
有時張三李四
有時大地虚空
いはゆる有時は時すでにこれ有なり
有はみな時なり丈六金身これ時なり時
なるがゆへに時の荘厳光明ありいまの
十二時に習学すべし三頭八臂これ
時なり時なるがゆへにいまの十二時に一如

Le pilier et la lanterne sont temps
Chang et Li sont temps
La terre entière et le vaste ciel sont temps.

Par *je suis le temps* l'ancien bouddha veut dire que *le temps* est *le fait même que quelque chose soit* et que *tout ce qui est* est *temps. [Le bouddha de] seize pieds est temps.* Parce qu'il est temps, il brille de l'éclatante lumière du *temps.*

Considérons les douze *temps [heures]. Trois têtes et huit bras est temps.* Parce qu'il est *temps,* il est l'un des douze *temps* en ce moment.

Le ***pilier*** de bois et la ***lanterne***, de pierre ou de fer, remplissent la fonction qui leur échoit à l'intérieur du complexe monastique. Paraphrasant *Jishō zanmai* on pourrait dire qu'ils sont respectivement des « sutras qui soutiennent l'édifice de l'enseignement et jalonnent la Voie ». Les *hinoki* qui ont été sectionnés en piliers y connaissent une deuxième vie, en tant que tels. Ne portent-ils pas Hōryū-ji depuis plus de mille ans ? Ces pierres dont on fait les lanternes, ne sont-elles pas d'avant l'homme ? Ne sont-elles pas venues d'un autre monde ?

Quant aux êtres humains, ***Chang et Li,*** ils sont, semble-t-il, le cadet et le benjamin des fils ou filles d'une famille. Même s'ils occupent une position inférieure à l'aîné dans la succession du père, ils sont sur un plan d'égalité avec lui. Ils sont *temps* au même titre que lui et que tout le reste.

Enfin, ***la terre entière et le vaste ciel*** constitue l'univers entier qui rassemble tous les temps en un seul et même temps. Nous l'avons compris, ***tout ce qui est*** ne se limite pas au domaine humain mais enveloppe tous les domaines d'existence, animal, végétal, minéral, le ciel et aussi ses astres. L'idée de régularité, de loi, de *temps* ne nous vient-elle pas des astres et de leurs mouvements ?

Pour résumer : « *Nous honorons le Dharma, qu'il se montre sous la forme d'un pilier, d'une lanterne, d'un bouddha, d'un renard, d'un démon ou d'une déité, d'un homme ou d'une femme* » (lu dans le fascicule *Raihaitokuzui*).

Le temps **est** ***le fait même que quelque chose soit… tout ce qui est*** **est** ***temps***

Dōgen identifie ainsi le *temps* à

la coproduction en consécution (sans toutefois la désigner nommément). *Tout ce qui est* est coproduit en consécution, est le résultat d'un concours de causes et de conditions. Les choses sont des séries, des relations, des complexes insubstantiels de matière et d'énergie ayant une identité fonctionnelle, non pas substantielle. Elles sont instantanées.

Allant plus loin, Nāgārjuna (*j. Ryūju*), le fondateur du bouddhisme Madhyamaka (IIe-IIIe siècle de notre ère), ne nie certes pas l'existence des choses, leur identité fonctionnelle, leur apparition et leur disparition. Ce qu'il nie c'est leur existence en soi : « *Si le cours des choses (le temps) existe en présupposant les choses, comment pourra-t-il exister sans elles ? Or, il n'existe en soi aucune chose. Comment donc le temps pourra-t-il exister ?* » (Guy Bugault).

Logique implacable appliquée aux deux dogmes fondamentaux du bouddhisme. Le dilemme entre *uji* 有時, tout est temps, et *muji* 無時, le temps n'existe pas, (un mot introuvable dans le texte de Dōgen) fait son apparition.

Il est tentant de rapprocher deux affirmations fondamentales de Dōgen, l'une extraite de *Uji*, *Tout ce qui est est temps*, l'autre tirée de *Busshō* (*La Nature-de-Bouddha*), écrit une année plus tard, *Tout ce qui est est bouddha [la nature-de-bouddha]*. Plus loin, on peut lire dans *Uji*, « *le bambou est temps…* » et dans *Busshō*, « *La nature-de-bouddha, c'est adobes, murs, tuiles, cailloux* ». La mise en équivalence du *temps* et de bouddha (de la bouddhéité), fait-elle sens ? Pierre Nakimovitch a tenté de répondre (*Dōgen et les paradoxes*, p. 175-188). Nous pensons cependant que tenter de le faire dépasserait le cadre de ce livre.

Le bouddha… l'éclatante lumière du _temps_

Lumineuse est la pensée. La dynamique de la coproduction est aussi une dynamique psychique qui enveloppe la conscience et l'inconscient.

La dynamique de l'illumination (éveil, bouddha) et du temps (instant) est décrite ainsi par Guy Bugault (*Prajñā*, p. 195) : « *C'est l'instant où il n'y a plus rien à voir, l'instant où il n'y a plus que lumière, tous les objets (grāhya) en même temps que tout sujet (grāhaka) se trouvant dissous dans la lumière, et cela parce qu'ils sont eux-mêmes lumière.* » C'est Yakusan sur le plus hauts des pics.

Les douze _temps_

Le système de numération duodécimal est très répandu dans l'astrologie chinoise (les douze heures, les douze mois, les douze années, les douze animaux, etc.) et dans le bouddhisme (les douze corbeilles des écritures, les douze bases de la connaissance, et surtout les douze liens de la coproduction). Je pense qu'il s'agit ici des douze *temps* du jour (nos vingt-quatre heures).

Trois têtes et huit bras

Le roi de sapience à *trois têtes et huit bras* fait pendant au bouddha. Il incite le moine à une pratique rigoureuse dans le monde de l'empirie. Il est donc assimilé au temps chronologique des douze heures.

あるべし十二時の長遠短促いまだ度量
せずといへどもこれを十二時といふ去来
の方跡あきらかなるによりて人これを
疑著せず疑著せざれどもしれる
にあらず衆生もとよりしらざる毎物
毎事を疑著すること一定せざるがゆゑ
に疑著する前程かならずしもいまの
疑著に符合することなしただ疑著

Bien que les douze temps, longs ou brefs, rapides ou lents, ne se laissent pas mesurer, il est dit qu'ils sont au nombre de douze. Les marques de leur passage nous sont suffisamment claires pour que nous ne les mettions pas en doute. Qu'on ne les mette pas en doute ne veut pas dire qu'on comprenne de quoi il s'agit. Mais, comme il n'est pas assuré que nous mettions en doute les multiples choses que nous ne comprenons pas, cela ne doit pas nous les faire accepter avant même de les mettre en doute. Mettre en doute aussi est *temps*.

Les douze temps.

Les références astronomiques ne suffisant pas à diviser le temps à l'intérieur de la journée, différents dispositifs, tous aussi imprécis les uns que les autres, étaient utilisés à l'époque où vivait Dōgen : combustion d'huile (jusqu'à la lampe perpétuelle de Hieizan !) et d'encens (mesurant, entre autres, la durée d'une séance de méditation), et les clepsydres (horloges à eau). Dōgen engagera les monastères à se doter de clepsydres afin de pouvoir organiser l'emploi du temps des membres de la communauté. C'est ainsi que le *tenzo* des *Instructions au cuisinier* pourra s'acquitter de son travail en toute ponctualité.

Bien qu'ils ne se laissent pas mesurer... Le calendrier solaire-lunaire chinois était basé sur une structure instable, rendant nécessaires de multiples révisions. Aux douze heures correspondait le cycle animalier de l'astrologie populaire. Ces douze heures n'étaient pas fixes comme le sont nos vingt-quatre heures. Suivant l'horloge de la nature, elles variaient selon les mois et saisons. Dans la vie intérieure, à huis clos, aucune mesure du temps n'est possible.

Les marques de leur passage.

Il s'agit sans doute des *marques* du jour et de la nuit, de la lumière et de l'obscurité, autre marque du temps.

Notons qu'à l'époque où vivait Dōgen, les astronomes chinois avaient acquis une grande maîtrise du temps s'écoulant en solidarité avec le mouvement des astres. Le savant Su Song (1020-1101) conçut une étonnante horloge cosmique où une clepsydre entraîne une sphère armillaire (qui reproduit le mouvement des astres).

L'observation du temps avait alors une dimension dépassant l'astronomie. La confection des calendriers était entre les mains des puissants maîtres du *yin* et du *yang*, *onmyōji* 陰陽師 (aussi appelés « les maîtres du temps »), placés sous la tutelle de l'administration impériale. Leur rôle relevait tout autant de l'astrologie (divination, géomancie, lecture des présages, prédictions, rétrodictions, etc.) que de l'astronomie.

Dōgen encourage ses élèves à **mettre en doute** ces douze heures en se demandant par exemple : « *Les douze heures dont nous parlons, sont-elles les douze heures des humains ? Ou bien y a-t-il douze heures dans un monde au-delà ? Ou bien est-ce la venue momentanée des douze heures de la terre d'argent pur [Terre Pure] ?... Elles ne reposent sur rien* » (lu dans le fascicule *Busshō*). Ne pas mettre en doute ce qu'on ne comprend pas c'est rester dans l'ignorance et se satisfaire de faux savoirs. Mettre en doute c'est passer du conventionnel, tenu pour le vrai, à l'ultime, qui découvre le vrai, sa vacuité. Les douze heures ne sont basées sur rien, « ne reposent sur rien ». Les choses étant insubstantielles, à l'ultime, la loi de causalité s'effondre.

Citons l'étonnante formule de Jacques May : « *Si l'on* croit *que c'est vrai, c'est faux ; si l'on* sait *que c'est faux, alors c'est vrai* » (citée par Guy Bugault, *L'Inde*, p. 336).

しばらく時なるのみなりわれを排列し
おきて尽界とせりこの尽界の頭々
物々を時々なりと覰見すべし物々の
相礙せざるは時々の相礙せざるがごとし
このゆゑに同時発心あり同心発時あり
および修行成道もかくのごとしわ
れを排列してわれこれをみるなり
自己の時なる道理それかくのごとし

Nous-mêmes, disposés en séries, formons le monde entier. Toutes les choses dans tous les domaines d'existence doivent être vues comme autant de *temps*. Les choses ne se font pas obstacle entre elles. Les *temps* ne se font pas obstacle entre eux. C'est ainsi que la production de l'esprit d'éveil se fait en un seul et même *temps* et que le *temps* produit un même esprit d'éveil. Ainsi de la pratique et de l'éveil. Nous plaçant dans cet état d'esprit, nous venons à nous et comprenons que *nous sommes temps*.

Nous-mêmes, disposés en séries, formons le monde entier…

Hairetsu 俳列, *disposés en séries*, est une métaphore de la loi de causalité, cette loi que Lilian Silburn appelle « loi de l'agencement ». Dōgen déplace le champ de la causalité du temporel (la consécution pure et simple) au spatial (les gens, les choses) et, à l'intérieur du spatial, à la mutualité et l'interpénétration des choses. L'harmonie règne dans le monde des séries. Les temps ne se font pas obstacle entre eux, les choses pas davantage, les pensées encore moins. Étant ainsi, il n'y a pas d'écart entre les temps et le monde entier. Ces *temps* sont aussi des pensées, des consciences individuelles, sans qu'il soit permis d'aller jusqu'à dire qu'il y a une conscience universelle ou encore moins un inconscient universel ou collectif, ce qui nous éloignerait de l'orthodoxie bouddhique.

Le monde entier 尽界, contraction de 尽十方界, est le monde dans ses dix orients, enveloppant la totalité du terrestre et du céleste, car il n'y a pas d'événement qui ne soit et céleste et terrestre.

Nous lisons dans le fascicule *Yuibutsu Yobutsu* : « *Montagne, rivières, terre et nous*

tous sommes nés en même temps. Les bouddhas du passé, du présent, du futur et nous tous pratiquons tous ensemble. »

Toutes les choses… comme autant de *temps*

Par *choses* il faut aussi entendre les consciences individuelles, se renouvelant à chaque instant, instantanées et sérielles. Leur rapide succession crée l'illusion de la continuité d'un moi substantiel et permanent.

Pratique et éveil (font un)

Il s'agit là d'un thème fondamental de la pensée de Dōgen. Pendant sa formation à Hieizan, il reçut l'enseignement de la doctrine de l'éveil originaire (*hongaku shisō*), signature du Tendaï japonais. Selon cette doctrine, tous les êtres, quels qu'ils soient, portent naturellement l'éveil en eux (la nature-de-bouddha), ils sont éveillés, pour le moins virtuellement.

Animé par le doute, Dōgen se fit la réflexion suivante : « *Si cela est le cas, pourquoi s'adonner à une pratique aussi rigoureuse ?* » Il trouva sa réponse dans l'inséparabilité de pratique et d'éveil. L'éveil n'est pas à atteindre par la pratique dans un futur incertain. L'éveil ne naît pas d'une base préexistante. L'éveil naît à l'intérieur de la pratique et la pratique se fait à l'intérieur de l'éveil, en *un seul et même temps*. Ajoutons que la pratique bouddhique comprend non seulement la sapience (*prajñā*) et le recueillement (*dhyāna*), évoquées plus haut, mais aussi la discipline, la conduite éthique, les activités quotidiennes (*vinaya)*.

恁麼の道理なるゆゑに盡地に萬象
百草あり一草一象おのおの盡地にあるこ
とを參學すべしかくのごとくの往來は
修行の發足なり到恁麼の田地のとき
すなはち一草一象なり會象不會象なり
會草不會草なり正當恁麼時の
みなるがゆゑに有時みな盡時なり有草
有象ともに時なり時々の時に盡有盡

Étant ainsi, par l'étude vous finirez par comprendre que des dizaines de milliers de formes, des centaines d'herbes existent dans l'univers et que dans chacune de ces formes, que dans chacun de ces brins d'herbe il y a l'univers entier. C'est par ce commerce que commence notre pratique.

Quand on touche à l'ultime, un brin d'herbe suffit, une forme suffit; cette forme nous la connaissons par inconnaissance; ce brin d'herbe nous le connaissons par inconnaissance. À l'ultime du *temps*, chaque *temps* est le *temps* tout entier; brin d'herbe et forme sont le seul et même *temps*. Dans chaque *moment* du *temps* se trouve tout ce qui existe dans tous les mondes d'existence.

Dans chacune de ces formes, dans chacun de ces brins d'herbe il y a l'univers entier

Microcosme et macrocosme sont en parfaite coïncidence. Du microcosme sort le macrocosme et vice versa. Certains, comme les défenseurs du « Bouddhisme critique », voient dans cette vision des choses, le résidu d'une attitude archaïque, antérieure à la scission du sujet et de l'objet.

Connaissance-par-inconnaissance

Guy Bugault décrit ainsi ce mode de connaissance (*L'Inde*, p. 179) : « *... qui est une intuition sans contenant ni contenu, sans sujet ni objet... il ne s'agit plus seulement d'une connaissance dont l'objet est indicible et intransmissible, mais dont l'objet est introuvable.* » Le *Mahā-prajñā-pāramitā-sāstra*, cité par Guy Bugault, précise : « *Ce n'est pas parce que l'intelligence ne les atteint pas que les* dharma *sont non perçus, ils sont originellement et éternellement non perçus en soi.* » D'où le silence des sages: non seulement sont-ils incapables de dire ce qu'ils ont vu, mais ils ne peuvent rien dire parce qu'ils n'ont rien vu et qu'il n'y a rien à dire.

界あるなりしばらくいまの時にもれた
る尽有尽界ありやなしやと観想す
べししかあるを仏法をならはざる凡夫
の時節にあらゆる見解ハ有時のこ
とばをきくにおもはくあるときハ三頭八
臂となれりきあるときハ丈六八尺と
なれりきたとへハ河をすきし山をす
きしがごとくなりといまはその山河た

Réfléchissez un instant : y a-t-il un seul existant ou un seul monde d'existence qui échappe à ce *moment* présent ?

Malgré cela, ceux qui ne sont pas encore familiers avec l'enseignement du Bouddha entretiennent toutes sortes d'idées fausses. Par exemple, lorsqu'ils entendent [Yakusan] dire « *je suis temps* », ils pensent qu'à un certain moment il est *à trois têtes et huit bras*, puis, à un autre moment, il est *de seize ou huit pieds de haut*. « C'est, se disent-ils, comme avoir déjà traversé la rivière et gravi la montagne. En ce moment, il se peut que rivière et montagne existent encore,

---

À un certain moment… à un autre moment

Ici, Dōgen réfute l'opinion selon laquelle le temps de la pratique (*trois têtes et huit bras*) et celui de l'éveil (*bouddha*) sont des temps distincts. Or, selon Dōgen, *trois têtes et huit bras* (*samsāra*) et *bouddha* (*nirvāna*) sont indivisibles et simultanés. L'indivisibilité de pratique et d'éveil est, nous l'avons vu, l'un des principes fondamentaux de sa pensée. La pratique ne se transforme pas en éveil. Elle est déjà éveil. Mais il ne s'agit pas d'un éveil qui préexisterait à la pratique, comme le serait une entité substantielle et éternelle, une nature-de-bouddha mal comprise.

らひあるらめどもすぎきたりていまは玉殿朱樓に處せり山河とわれと天と地となりとおもふしかあれども道理この一條のみにあらずいはゆる山をのぼり河をわたりし時にわれありきわれに時あるべしわれすでにあり時さるべからず時もし去來の相にあらずば上山の時は有時の而今

mais nous les avons laissées loin derrière nous. Maintenant, nous sommes dans la tour vermeille de notre palais de pierres précieuses. Donc, nous sommes aussi éloignés des montagnes et rivières que le ciel l'est de la terre. »

Mais les choses ne se passent pas ainsi. *Quand* ils étaient en train de gravir la montagne et de traverser la rivière, ils existaient bel et bien et il ne se peut que le *temps* ait été en dehors d'eux. Comme *le temps* est toujours déjà inséparable d'eux, il ne se peut qu'il se soit évanoui.

Il y a le *temps* qui ni n'arrive ni ne part, c'est le maintenant même du *temps* où je suis sur le haut de la montagne.

Traverser la rivière…

Dōgen dit que ceux qui croient avoir atteint l'éveil (*tour vermeille* – tour d'ivoire) et méprisent le chemin qui les y a conduits, non seulement se méprennent-ils gravement, mais l'éveil qu'ils pensent avoir atteint n'en est qu'une semblance. Le *temps* pratique-éveil ne les a jamais quittés.

Il y a le *temps*…

Dōgen introduit à partir d'ici la notion de la vérité double, que nous appelons vérité de sens ultime et de vérité empirique, telle qu'elle est enseignée par Nāgārjuna dans ses *Stances du Milieu.*

Le *temps* qui ni n'arrive ni ne part (vérité de sens ultime, *nirvāna*)

L'apparence d'un *temps* alternatif [去来], se déplaçant selon une trajectoire, comme celle allant du passé [去] au futur [来] est basée sur l'existence de *dharma* substantiels. À l'ultime, les *dharma* n'ayant pas d'existence en soi, le temps ni ne vient ni ne va. Comme dans le recueillement de Yakusan **sur le haut de la montagne**.

En parlant du *nirvāna* le Bouddha dit : « *Je ne l'appelle, ô moines, ni allée ni venue.* »

Le maintenant même (*nikon* ou *jikin* 而今)

C'est le maintenant sans interruptions, sans marque, ni traces. *Nikon* est à mettre en parallèle avec *shikantaza*, l'*être assis seulement* et rien de plus, de la méditation dogénienne.

なり時もし去来の相を保任せは
われに有時而今あるこれ有時な
りかの上山度河の時この玉殿朱楼の
時を呑却せさらんや吐却せさらんや三
頭八臂はきのふの時なり丈六八尺はけふ
の時なりしかあれともその昨今の
道理たたこれ山のなかに直入して千
峯万峯をみわたす時節なりすき

Il y a aussi le *temps* qui se manifeste en arrivées et départs, c'est le maintenant même du *temps*. L'un et l'autre *sont temps*.

Ce *temps* où ils gravissaient la montagne et traversaient la rivière est-il entièrement englouti par *le temps* où ils demeurent dans la tour vermeille de leur palais de pierres précieuses ou bien est-il vomi par lui ?

Trois têtes et huit bras est temps d'hier.

Seize ou huit pieds est temps d'aujourd'hui.

Toutefois, la vraie nature de cet hier et aujourd'hui se trouve dans le *temps* où nous allons droit dans la montagne et regardons les mille et dix mille pics tout autour.

Il y a aussi le *temps* qui se manifeste en arrivées et en départs (vérité empirique, *samsāra*)

Coproduction, va-et-vient, arrivées et départs, mouvement et processus, venues et allées des choses, résultent de notre perception quand le moi se place en spectateur voyant d'un point fixe défiler le spectacle, le transit phénoménal. Planté sur les berges du fleuve, il voit défiler les eaux.

Il suffit de nous placer nous-mêmes dans le flux, pour que le spectateur que nous sommes, le spectacle et le train du monde disparaissent ensemble (vérité ultime). La différence entre les deux vérités dériverait-elle de la présence ou de l'absence d'un moi spectateur ?

C'est le maintenant même (*nikon* ou *jikin* 而今)

Dōgen emploie le même terme *nikon* (*le maintenant même*) pour caractériser et le *temps qui ne va ni ne vient* (vérité ultime) et le *temps qui se manifeste en arrivées et départs* (vérité conventionnelle). Qu'est-ce à dire ?

Les deux *nikon* sont-ils différents ? Ou bien, y a-t-il un seul *nikon* pour les deux vérités ? J'opte sans hésitation pour un seul et même *nikon*. Ce *maintenant même* est *la triple vérité parfaitement fusionnée* de Zhiyi. « *La réalité absolue coïncide avec la réalité de surface en tant qu'elle l'annule ; et tout son être consiste en cette annulation* » (Jacques May, cité dans l'introduction, p. 15).

Englouti ou vomi ?

La réponse est : l'un et l'autre, ni l'un ni l'autre. Ces deux temps, pratique (*gravir la montagne, traverser la rivière*) et éveil (*tour vermeille*), nous l'avons vu, ne font qu'un chez Dōgen. *La montagne, la rivière* sont *la tour vermeille* et vice versa.

La vraie nature de cet hier et aujourd'hui

Ce passage me semble reprendre une fois encore, mais sous un autre angle, l'unité de pratique et réalisation.

Droit dans la montagne…

S'agit-il du moment où le moine se sépare de sa famille (*shukke*, 出家) pour rejoindre la communauté du monastère (les temples bouddhiques portent souvent le nom de « montagne ») ?

S'agit-il du moment où le moine se retire du monde pour aller se retirer en ermite dans la montagne ?

ぬるにあらず三頭八臂もすなはち
わが有時にて一径す彼方にあるに
にたれども而今なり丈六八尺もすなはち
わが有時にて一径す彼處にあるにに
たれども而今なりしかあれば松も時な
り竹も時なり時は飛去するとのみ
解會すべからず飛去は時の能とのみ
は學すべからず時もし飛去に一任せ

Ils n'ont pas disparu.

[Le roi de sapience à] trois têtes et huit bras et nous sommes un seul et même *temps*. Bien qu'il semble être autre et ailleurs, il est ici-même, maintenant. De même, *[le Bouddha de] seize ou huit pieds et nous* sommes un seul et même *temps*. Bien qu'il semble être au loin, il est ici-bas, maintenant. Il en va de même pour le pin qui est *temps*, pour le bambou qui est *temps*.

Ne croyez pas que le *temps* ne fasse que s'envoler. Ne vous contentez pas de croire que s'envoler est une fonction inhérente au *temps*. Si le *temps* ne faisait que s'envoler,

Ils n'ont pas disparu

L'enchaînement causal continue.

Trois têtes et huit bras* et *nous* sommes un seul et même *temps

Le roi de sapience et le bouddha ne sont autres que nous-mêmes. ***La sapience*** ne se trouve pas ailleurs. Elle ne sort pas du passé. ***Le bouddha***, qui désigne l'éveil, n'est pas à venir. La pratique est inséparable de l'éveil, l'éveil est inséparable de la pratique. Il n'y a pas transformation de l'un en l'autre.

Le pin est *temps*, le bambou est *temps*

Le pin et *le bambou* sont souvent évoqués en tant que symboles, l'un de longévité, l'autre de vigueur. Mais le vrai propos de Dōgen semble être que, comme *le roi de sapience* et le *bouddha*, le *pin* et le *bambou* et *nous* sommes *un seul et même temps*.

Ne faut-il pas en déduire que, le *pin* et le *bambou* étant naturellement bouddha, leur nature est celle de l'éveil ? Un autre point de rencontre entre le *temps*, la coproduction et la nature-de-bouddha.

***Le temps* qui s'envole**

S'envoler 飛, venir puis s'en aller 去来, ont un sens proche. Mais ici Dōgen observe que, s'il s'envolait, le temps connaîtrait non seulement des interruptions, mais il prendrait temporairement congé des existants, ce qui est inconcevable. Ou encore, s'il s'envolait, pourrait-il un jour faire retour ? C'est tout aussi inconcevable.

ハ間隙あらぬへし有時の道を経間
せさるはすきぬるとのみ學すれ
によりてなり要をとらるるていなく尽界、
にあらゆる尽有をつらなりなから時
々なり有時なるによりて吾有時なり
有時に経歴の功徳ありいはゆる今日
より明日へ経歴す今日より昨日に
往歴す昨日より今日へ経歴す今日

il y aurait des interruptions dans le temps. Vous n'arrivez pas à comprendre que *vous-mêmes êtes temps* et à en entendre la vérité parce qu'on vous apprend que le *temps* ne fait que passer et disparaître.

Le point essentiel à retenir pour le moment est que tous les êtres, sans exception, existant dans l'univers sont des *temps* solidaires les uns des autres. Ces *temps* étant communs à *tous*, ils sont aussi *mon temps.*

Être temps c'est être en marche, marche de ce qu'il est convenu d'appeler d'« aujourd'hui » à demain, d'aujourd'hui à hier, d'hier à aujourd'hui, d'aujourd'hui

---

***Temps* solidaires**

La loi de causalité s'applique à tout et à tous, indistinctement.

***Être temps* c'est être en marche** *(kyōryaku* 経歴)

La traduction de *kyōryaku* pose problème. Elle pourrait aller de soi, car le terme n'est pas une création dogénienne. Il signifie littéralement : cours, *curriculum vitae.* Les traductions anglaises varient, avec des fortunes diverses : « *flowing* », « *series* », « *seriatim passage* », « *passageless passage* », etc.

J'ai fixé mon choix sur *être en marche*, d'une marche conçue non pas comme une mode de déplacement dans l'espace, mais comme cours des choses, comme enchaînement, donc comme production **en consécution**. L'univers entier est *en marche*, même les montagnes, dira Dōgen.

La *marche*, en tant que coproduction temporelle, se fait dans plusieurs directions, Nous avons vu dans l'introduction que, selon son axiome, la coproduction pouvait se parcourir dans les deux sens – ascendant (d'effets

à causes) et descendant (de causes à effets). Ici, Dōgen en étend la portée : *d'aujourd'hui à demain* (descendant, de causes à effets dans le futur), *d'aujourd'hui à hier* (ascendant, d'effets à causes), *d'hier à aujourd'hui* (descendant, de causes à effets dans le présent), *d'aujourd'hui à aujourd'hui* (de causes et effets dans le présent), *de demain à demain* (de causes et effets dans le futur). La *marche* est fortement centrée sur *aujourd'hui* car, bien qu'elle se fasse *de demain à demain*, elle ne se fait ni « de demain à aujourd'hui » (ascendant, de causes futures inexistantes à effets présents), ni « d'hier à demain » (de causes à effets dans le futur sans passer par le présent). Ne faut-il pas y voir le rôle pivotal joué par *nikon*, l'aujourd'hui, le *maintenant même* ?

Dōgen confirme ainsi la circularité de la coproduction de toute chose. Sa description reste dans l'orthodoxie du premier bouddhisme, au sens où la coproduction est temporelle et concerne, non pas des relations entre personnes et entre choses, mais des qualités, des attributs.

Dōgen passe délibérément sous silence la notion populaire du karma individuel, selon laquelle le karma, la rétribution, opère entre personnes et choses dans une seule direction : d'aujourd'hui à demain, d'hier à aujourd'hui.

より今日に徑歴す明日より明日に徑歴す徑歴はそれ時の功徳なるがゆゑに古今の時かさなれるにあらずならびつもれるにあらざれども青原も時なり黄檗も時なり江西も時なり石頭も時なり自他すでに時なるがゆゑに修證は諸時なり入泥入水おなじく時なりいまの凡夫の見および見の因縁こ

à aujourd'hui, de demain à demain, cela parce qu'être constamment en marche est la vertu du *temps*. Passé et présent ne s'empilent pas plus l'un sur l'autre qu'ils ne se juxtaposent l'un à côté de l'autre. Donc Seigen est *temps*, Ōbaku est *temps*, Kōzei et Sekitō sont *temps*. Comme nous, et tous les autres, sommes *temps*, la pratique et l'éveil sont un seul et même *temps*. De même, « *Entrer dans la fange et entrer dans l'eau pure* » sont *un seul et même temps*.

Bien que les vues entretenues maintenant par les gens du commun, les conditions qui les produisent, soient bien les leurs,

---

Passé et présent ne s'empilent pas plus l'un sur l'autre qu'ils ne se juxtaposent l'un à côté de l'autre (un *ou mallon* dogénien !)

S'empiler voudrait dire disposer verticalement ou hiérarchiquement le passé sur le présent ou vice versa, *se juxtaposer*, placer horizontalement le passé à côté du présent.

Pas plus l'un que l'autre. Ni l'un, ni l'autre. Passé et présent sont contigus tout en étant discrets, sont juxtaposés tout en étant discontinus. Passé et présent communiquent entre eux.

Dans un enchaînement karmique qui se ferait entre personnes, ce que Dōgen suggère en citant les noms de quelques maîtres ch'an, il ne se trouve aucun être qui ne doive rien à un autre. *Être temps*, c'est aussi « être dette » (*j. on* 恩). La notion de dette, dette d'honneur, au-delà de toute considération économique, est très développée en Asie, au Japon, en particulier.

Le passé, même le plus lointain, et le présent existent dans le maintenant. Ils sont un *seul et même temps*. Les pères du bouddhisme ch'an, Seigen*,

Ōbaku, Kōzei (plus connu sous le nom de Baso), Sekitō, en tant que maillons d'une lignée spirituelle, celles des maîtres ch'an, ont une dette vis-à-vis leurs prédécesseurs et une créance active sur les moines qui leur succèdent, jusqu'à ce jour. La pratique de ces derniers est une reconnaissance au présent de la praxis de leurs pères. *Je suis le temps*, donc je suis Seigen, je suis Ōbaku, etc.

Plus simplement peut-être, Dōgen suggère que les maîtres ch'an, Seigen, Ōbaku, etc., sont les produits de causes et de conditions à l'intérieur d'un processus sans commencement ni fin, sans aucune échappatoire possible. En tant que tels, ils ne sont pas si importants. Alors peut-on se demander : y a-t-il encore place pour le hasard ? Y a-t-il vraiment un *kairos* qui permet l'éclosion de ces personnages ?

****Seigen*** Gyōshi (*ch.* Qingyuan Xingsi, ? - 740), ***Ōbaku*** Kiun (*ch.* Huangbo Xiyun, ? - 850), ***Kōzei***, plus connu sus le nom de Baso Dōitsu (*ch.* Mazu Daoyi, 709-788), ***Sekitō*** Kisen (*ch.* Shitou Xiqian, 700-790).

À l'ultime, rien n'étant soi-même, ce sont là des noms d'emprunt !

Entrer dans la fange et entrer dans l'eau pure...

Pour le *bodhisattva* (être à éveil) entrer dans l'océan des passions, dans le *samsāra*, y travailler – sans ego – pour le bien d'autrui et être dans le *nirvāna* (car on n'entre pas dans le *nirvāna*) sont un seul et même *temps*.

Les conditions qui les produisent 因縁

Ici apparaît pour la première fois, et la dernière, un des termes japonais pour la coproduction. Ce n'est pas le terme consacré, *engi*, mais *innen* 因縁, au sens très proche de causes et conditions.

是凡夫の見聞ところなりといへとも凡夫
の法にあらすと法爾ならく凡夫を因
縁せ聞のことなりその時この有無法に
あらさると学するゆへに丈六金身無
影像にあらさると認するなりまた紙
丈六金身にあらすとのたまふとするは
まことするならは有時の所となり未證據者
の着となりいまに世界に排列せられむま

elles ne relèvent pas d'un lien de causalité qui leur serait propre. C'est tout simplement le concours de circonstances qui produit les [idées des] gens du commun. Parce qu'ils croient que *leur temps, leur existence* sont étrangers à la Voie, ils ne peuvent concevoir que *[le Bouddha] de seize pieds* puisse être déjà eux-mêmes. Ils essayent d'échapper à l'évidence en se disant « Je ne suis pas le Bouddha de seize pieds ». Leurs vaines tentatives sont aussi des fragments du *temps*. À ceux qui n'ont pas encore établi cette évidence, « Ouvrez les yeux ! Ouvrez les yeux ! ».

Placés l'un à la suite de l'autre, le cheval et le mouton

Causalité (*hō* 法)

Hō, dharma est un terme polysémique, englobant la totalité de l'expérience, d'un bout à l'autre : Dharma, loi, enseignement, dharma, phénomènes, choses. J'ai cependant pris la liberté de le traduire ici par (loi de) *causalité*.

Il n'y a pas de causalité spéciale pour les gens du commun. La loi de causalité est unique et s'applique à tout indistinctement. Aucune échappatoire n'est possible.

Étrangers à la Voie

La conception erronée entretenue par le commun des mortels les conduit à croire que la *Voie* est ailleurs, qu'ils en sont, dès le départ, tenus à l'écart, qu'elle leur est inaccessible. Or, selon la doctrine Tendaï de l'éveil originaire, *tout ce qui est*, tout ce qui vit, est virtuellement bouddha, est la nature-de-bouddha (*busshō* 佛性).

Ouvrez les yeux, ouvrez les yeux !

Rendez-vous à l'évidence !

Placés l'un à la suite de l'autre,

Selon la loi de l'agencement (c'est-à-dire de causalité), le cheval et le mouton se trouvent l'un à la suite de l'autre.

Le cheval et le mouton

Le cheval et *le mouton* font partie du cycle animalier de l'astrologie populaire. Les animaux servaient à désigner, non seulement les douze heures de la journée, mais aussi les jours, les mois lunaires, les années du cycle de douze ans et les types de personnalité afférentes, intégrant dans cet ensemble des combinaisons d'éléments et de directions. Prenant l'exemple du *cheval*, son heure est autour de midi (de 11 : 00 heures du matin à 01 : 00 heures de l'après-midi), son jour le mercredi, son mois le cinquième mois de l'été, son année la plus récente fut l'année 2014. Le type de personnalité correspondant à l'année du cheval se décline en jovialité, popularité, éloquence, etc. Finalement, au cheval sont associés l'élément Feu et la direction Sud. L'heure du *mouton* de 01 : 00 à 03 : 00 heures de l'après-midi, etc.

Dōgen intègre les astres à son système. Selon l'astrologie populaire chinoise, qui imprègne la vie extrême-orientale de l'époque, tout ce qui arrive est, en quelque sorte, un événement céleste. L'idée de régularité, de loi, est une idée qui nous vient du ciel, c'est une idée astronomique (Henri Poincaré).

飛川しとあることむ海も住法位の恁麼なる昇降上下なり祢するも時なりとらも時なり生も時なり佛も時なりこの時三頭八臂にて尽界を證し丈六金身にて尽界を證すとそも尽界をもて尽界を尽界するを究尽するといふなり丈六金身をもて丈六金身するを發心修行菩提涅槃と現成するすなはち

assument pleinement le temps qui leur échoit, sans cesse en essor et en déclin, inspir et expir. De la même manière, le rat est *temps*, le tigre est *temps*, les êtres vivants sont *temps*, le Bouddha est *temps*. Chacun de ces *temps* illumine tous les mondes d'existence avec les *trois têtes et huit bras*, illumine tous les mondes d'existence avec le *corps vermeil de seize pieds*.

Car mondialiser entièrement le monde entier au moyen du monde entier, c'est l'épuiser entièrement. Actualiser en un seul mouvement le *corps vermeil de Bouddha* au moyen du *corps vermeil de Bouddha*, c'est actualiser aspiration-pratique-sapience-nirvana ;

Assument pleinement le temps qui leur échoit (*jūhōi* 住法位)

Le composé *jūhōi* revient souvent sous le pinceau de Dōgen. Sa traduction pose problème. Les traductions existantes, telles que « position dharmique », « position de dharma », n'aident pas particulièrement à la compréhension. Je pourrais retenir une expression française qui s'en rapproche : *tenir dignement son rang*. Il y manque cependant la dimension temporelle, comme la plage de temps dévolue à une chose.

Après réflexion, j'ai privilégié une traduction moins littérale : *assumer pleinement le temps qui leur échoit [selon la loi de l'agencement]*, tenir leur place 住位, celle qui leur revient dans le cours des choses.

Le rat, le tigre, les êtres vivants, le Bouddha, sont *temps*

Les douze heures, les jours, les mois, les douze années, les cinq éléments, les dix directions, les animaux qui les désignent, les animaux eux-mêmes, les êtres vivants, le Bouddha, les bouddhas,

(les montagnes, les rivières, etc.) sont chacun des *temps* là où ils se trouvent, assumant, en toute insubstantialité, leur fonction, leur temps, long ou court, rapide ou lent.

Mondialiser entièrement le monde entier au moyen du monde entier, c'est l'épuiser entièrement

Dans cette phrase, le même mot *monde entier* (尽界) remplit les fonctions de sujet, de verbe et d'objet. Cette pratique grammaticale que Dōgen affectionne pose, dans notre langue, un problème particulier que nous avons tenté de reproduire au mieux. J'emprunte ici la traduction de Pierre Nakimovitch (*Dōgen et les paradoxes de la bouddhéité*, p. 355).

La triade solide formée par *le monde entier* comme sujet, verbe et objet est, selon nous, une illustration de la triple vérité (*ch. santi* 三諦) parfaitement fusionnée de Zhiyi (voir l'introduction). La troisième vérité, vérité médiane 中, fusionne en elle l'ultime et le conventionnel. Elle coïncide avec eux en tant qu'elle les ***épuise***. Elle consiste en cet épuisement.

C'est l'épuiser entièrement. (*gūjin* 究尽). *Gūjin*, notion centrale dans l'œuvre de Dōgen, est généralement interprétée comme étant la capacité qu'a l'individu de pénétrer la nature d'une seule expérience par ses efforts intenses de concentration. Ce n'est pas tout à fait cela, je pense. Les traductions modernes de ce terme (en anglais, *total exertion, penetration, immersion*), et de bien d'autres, placent l'individu, le méditant, au centre du processus, comme s'il devait être un athlète de la méditation !

Je vois dans ce terme, l'expression de la réflexivité parfaite qui se réalise à travers le méditant lorsque, au cours de la méditation, la lumière passe de l'extérieur vers l'intérieur. Zhiyi parle de réflexion pour illuminer la source du penser 反照心源 *hanshō shingen* ou 反照観察 *hanshō kansatsu*. Dans le *Tenzo Kyōkun*, Dōgen reprendra le même thème 退歩返照, le renversement de la lumière de l'extérieur vers l'intérieur pour éblouir le penser. Et pour l'épuiser.

C'est alors que ***le monde entier***, faisceau de *dharma* insubstantiels, se suffisant ainsi à lui-même, rend la loi de causalité inadéquate. C'est de l'***épuisement*** du monde qu'il s'agit. La coproduction, ce pivot entre les deux réalités, s'efface et ouvre la voie à l'ultime, à **la vacuité**.

Dans ses *Stances dédicatoires*, Nāgārjuna, portant son regard sur la vérité ultime, assimile la coproduction conditionnée à un anéantissement, à une non-production : « *Sans rien qui cesse ou se produise, sans rien qui soit anéanti ou qui soit éternel, sans unité ni diversité, sans arrivée ni départ, telle est la coproduction conditionnée,* ***des mots et des choses apaisement béni*** » (trad. de Guy Bugault, *Stances du milieu par excellence*, p. 35). La vacuité est alors conçue comme un apaisement serein, comme **nirvāna**.

ら有なり時なり尽時を尽有と究尽
するのみさらに剰法なし剰法これ剰
法なるがゆゑに半究尽の有時も
半有時も究尽なりゆゑに蹉過すとみ
ゆる形段も有なりさらにかれにまか
すれば蹉過の現成する前後ながら有
時の住位なり住法位の活鱍鱍地なるこ
れ有時なり無と動着すべからず有

c'est *être temps*. Ce qui se produit à ce moment-là, c'est l'anéantissement de *tous les temps* et de *toute chose*, sans rien qui reste, parce que ce qui reste n'est déjà plus rien. Par exemple, le *temps* où une chose est incomplètement anéantie n'est autre que l'anéantissement complet d'un *temps* inachevé.

Même si un écart ou une pensée vagabonde survient, l'avant et l'après de cet écart ou de cette pensée vagabonde ne sont autre que la marche du *temps*. L'agitation exubérante de chaque instant, ça c'est le *temps*.

Ne le tournez pas en néant.

Sans rien qui reste, parce que ce qui reste n'est déjà plus rien

À l'ultime, la coproduction conditionnée ne joue plus. Toute production, temps et choses, est mort-née, anéantie.

L'avant et l'après

L'avant et l'après sont des catégories qui s'appliquent à l'intérieur du cours de l'existence, car elles trouvent leur origine dans le point fixe du moi spectateur.

L'agitation exubérante de chaque instant, ça c'est le *temps*

Brutal retour au temps conventionnel, celui de la vérité empirique. Pour rendre cette agitation, Dōgen a recours à une onomatopée : celle du poisson qui, devinant ce qui l'attend, se débat sur la planche à découper du cuisinier.

Ne le tournez pas en néant

Quel est ce « *le* » ? Est-ce le *temps* ? Est-ce *toute chose* ? Est-ce le *monde mondialisé* ?

Je pense qu'il s'agit du *temps*, de la coproduction comme vacuité.

と強爲するかゝるとき時ハ一向よするゐ
とのゝ計切ぞて未到と解會せるとき解
會ハ時あうとおもひと他よりひかるゝ縁な
し去來と認して住位の有時と見徹
せゐ皮袋あるしいさんや透關の時あらん
やそらひ住位と認するとゐるう
既得恁麼の保任と道得せんゐるひ恁
麼と道得せゐことひさうしきをいま

N'en faites pas une chose de toute force.

Vous vous mettez dans la tête que le *temps* se déroule dans une seule direction ; vous ne savez pas que le *temps* est insondable. Cette vue étroite qui est la vôtre est certes un moment du *temps*, mais elle ne laisse aucune trace dans le *temps*. Convaincus que le *temps* ne fait qu'aller et venir, les sacs de peau que vous êtes sont bien incapables de dire où est, où va et d'où vient. Y a-t-il jamais eu quelqu'un qui ait pu pénétrer le temps !

Même si quelqu'un pouvait jamais comprendre où est, où va et d'où vient le *temps*, pourrait-il en faire un compte rendu verbal ?

N'en faites pas une chose de toute force

Ne faites pas du temps une chose, un substrat éternel, n'en faites pas une hypostase.

Ici, Dōgen passe sous silence la voie médiane entre *néant* et *chose* (étant) : la voie du milieu qui libère de l'étau du dilemme : néant-chose, vacuité-phénoménalité et qui constitue le grand moyen de progression (le grand véhicule, Mahāyāna)

Le *temps* est insondable

Mitō 未到 a été le plus souvent traduit par, pas encore arrivé, donc futur, ce qui n'a pas beaucoup de sens. Je choisis le sens originel du mot qui est : inexploré, donc insondable. La loi de causalité est libre de toute base, elle est donc *insondable*.

Où est, où va et d'où vient le *temps*
住位の有時

Selon la coproduction, les choses sont produites à partir de plusieurs autres choses et elles-mêmes en produisent plusieurs autres à leur suite. Alors comment pourrait-on assigner une place, une fin, un début aux choses et au temps ?

た面目現前を摸索せさるなし凡夫の有時なるに一任すれは菩提涅槃もわつかに去来の相のみなれ有時なりおほよそ羅籠とゝまらす有時現成なりいま右界に現成し左方に現成する天王天衆いまもわか尽力する有時なりその餘外にある水陸の衆有時これわかいま尽力して

Même si certains ont soutenu pouvoir le faire, n'en continuent-ils pas moins de remonter à tâtons vers l'éternel dans le passé ?

Si vous vous fiez à ce que les gens ordinaires pensent du *temps*, sagesse et nirvāna ne sont que des *moments* qui ne font qu'arriver et repartir. Or, aucun piège, aucun filet ne saurait arrêter, même un instant, l'actualisation complète du *temps*.

Les créatures célestes et terrestres, dans le royaume de droite et dans la direction de la gauche, s'éveillent en même temps que moi.

L'éternel dans le passé (*menmoku* 面目)

Menmoku est *honrai menmoku*, le plus souvent traduit « visage originel ». Ce visage originel n'est pas celui de l'être humain individuel ou collectif, mais la coproduction elle-même, sans commencement ni fin. Cet éternel est appelé, selon la tradition indienne, « éternel dans le passé ». J'adopte cette expression, conscient qu'elle puisse passer pour une sur-traduction.

Arriver et repartir

Aller et venir, mourir et naître, partir d'un état pour arriver à un autre, tous ces changements sont le cours de la vie et des vies, le *samsāra*. Cela suppose le mouvement et l'apparition-disparition de choses substantielles. Une fois ces deux catégories éteintes, c'est le *nirvāna*.

Aucun piège, aucun filet

L'origine de la métaphore des pièges et filets, maintes fois utilisée par les auteurs du bouddhisme, est généralement attribuée au célèbre passage du *Zhuangzi* (Chapitre XXVI) : « *La raison de la nasse est dans le poisson, mais une fois le poisson pris, il faut oublier la nasse ; la raison du collet est dans le lapin,*

mais une fois le lapin pris, il faut oublier le collet; la raison des mots est dans le sens, mais une fois le sens compris, il faut oublier les mots. Quand rencontrerais-je enfin quelqu'un qui a oublié les mots pour parler avec lui ? » (traduction de Jean Levi légèrement modifiée par le traducteur).

Aucun des moyens de capture ne peut arrêter *la marche* de la coproduction. Il n'y a pas de mot pour exprimer ni l'« éternel dans le passé », ni le locus du *temps. Même si quelqu'un pouvait, ne serait-ce qu'intuitivement, comprendre où est, où va et d'où vient le temps, est-il concevable qu'il puisse exprimer verbalement ce qu'il a ressenti ?*

... s'éveillent en même temps que moi

Les paroles attribuées au Bouddha au moment de son éveil furent : « *Étrange ! Étrange ! La vaste terre avec tout ce qui existe* ***s'éveille en même temps que moi !*** »

現成する冥陽に有時なる諸類
諸頭みな尽力現成なり尽力経
歴なりわくいま尽力経歴にあらざれ
ば一法一物も現成することなし経歴
することなしと参学すべし経歴といふ
は風雨の東西するがごとく学しきたるべ
からず尽界は不動転なるにあら
ず不進退なるにあらず経歴なり

Les créatures des mondes aquatiques et terrestres et moi naissent ensemble. Les innombrables espèces et existences du *yin* et du *yang* existent par ce pouvoir de faire tout exister qui est inhérent au *temps*. Telle est la vertu d'*être en marche*.

Nous devons méditer jusqu'à ce qu'il devienne clair qu'en l'absence un seul instant du concours de toutes ces choses pas une seule ne pourrait naître et rien ne serait *en marche*.

Ne pensez pas que *la marche* se présente comme une rafale chargée de vent et de pluie, courant d'est en ouest. Le vaste monde n'est ni immobile ou stationnaire, ni sans progrès ou sans retour en arrière. Il est tout et toujours *en marche*.

Créatures des mondes... Les innombrables espèces...

Dōgen poursuit sa description de la causalité, non plus seulement comme temporalité, mais aussi comme mutualité, solidarité, réciprocité, exprimée, pensé-je, par le terme *jinryoku* 尽力, littéralement rassemblement des énergies.

Yin* et *yang (*myōyō* 冥陽),

peut aussi être traduit par : visible et invisible.

Concours de toutes ces choses

Concours de circonstances, coproduction des choses-événements dans l'instant, en toute simultanéité. L'influence sur Dōgen du bouddhisme Huayan 華厳 (*j.* Kegon) se fait à nouveau sentir : mutualité et interpénétration de toute chose : toute chose contient toutes les autres choses.

徃歴ハたとへハ春のことし春に許多般の樣子ありこれを徃歴といふ外物なきに徃歴すると參學すへしたとへハ春の徃歴ハかならす春を徃歴するなり徃歴ハ春にあらされとも春の徃歴なるかゆゑに徃歴いま春の時に成道せり審細に參來參去すへし徃歴をいふに境ハ外頭にして能徃

La marche est comme le printemps avec sa myriade de formes et de visages. Le printemps marche tout simplement. Méditation et pratique vous convaincront que cette marche va de soi sans apport extérieur. La marche du printemps fait invariablement que le printemps soit en marche. Une réflexion approfondie vous persuadera que la marche n'est pas dans le printemps, mais que, dévidant le printemps, elle éveille le printemps. Si vous pensez que la marche se fait au dehors de vous,

---

Ce *waka* de Dōgen, *Lire l'éternel dans le passé* (*yomu honrai menmoku* 詠本来面目), fut repris par Kawabata Yasunori dans son discours de réception du prix Nobel de littérature (1968) :

> « *Au printemps, cerisiers en fleurs*
> *En été, le coucou*
> *En automne, la lune*
> *En hiver, la neige, claire, froide.* »

La myriade de formes et de visages choisie par Dōgen pour exprimer le *temps* éternel, les quatre saisons, est issue du monde végétal (cerisiers en fleurs), du monde animal (coucou), du ciel (la lune), de l'élément aqueux (neige). Il n'y a pas de spectateur. L'être humain est absent.

歴の法は東にむきて百千世界をゆ
きすぎて百千万劫をふるとおもふ
は佛道の参學これのみを專一にせ
ざるなり
薬山弘道大師ちなみに無際大師の
指示によりて江西大寂禅師に参問
す三乗十二分教某甲ほぼその宗旨をあ
きらむ如何是祖師西来意かくのこ

et que, faisant face à l'est, vous ayez à traverser des milliers de mondes et de kalpas [pour la rejoindre], c'est que vous ne vous dévouez pas de tout cœur à la pratique de la Voie bouddhique.

Un jour, sur l'avis de Musai Daishi, Yakusan Kōdō Daishi visite Kōsei Daijaku Zenji. Il lui demande :

> « *Les douze divisions des trois véhicules, je les connais assez bien. Mais j'avoue que je ne comprends pas quelle était l'intention du maître fondateur quand il vint de l'ouest ?* »

Vous n'avez pas à ***rejoindre*** quoi que ce soit, vous y êtes. Suivant la logique de Nāgārjuna, marche, marcheur et trajet ne peuvent être distingués les uns des autres. Aucun n'existe en soi.

Un jour, sur l'avis de Musai Daishi, Yakusan…

Le Yakusan, auteur des deux vers à l'amorce d'*Uji*, était un moine accompli. Le **Yakusan** de ce dialogue-ci n'est encore qu'un scoliaste et un prédicateur respecté, à la recherche de la Voie au-delà des écritures, les ***douze divisions des trois véhicules***, qu'il dit bien connaître.

Sur les conseils de Musai Daishi*, il consulte Kōzei Daijaku** et lui avoue ne pas comprendre « ***l'intention du maître fondateur quand il vint de l'ouest*** ».

Le fondateur putatif du ch'an est le moine indien Bodhidharma (VIe siècle de notre ère). Il venait de l'ouest, car l'Inde est située à l'ouest de la Chine. Cette question fait partie de la liste traditionnelle de questions et réponses utilisées dans les monastères ch'an et zen.

*Musai Daishi (*alias* Sekitō Kisen) (700-790)

** Kōzei Daijaku (*alias* le célèbre Baso Dōitsu) (709-788)

とふに大寂禪師いはく

有時敎伊揚眉瞬目

有時不敎伊揚眉瞬目

有時敎伊揚眉瞬目者是

有時敎伊揚眉瞬目者不是

藥山ききて大悟し大寂にまうして

某甲かつて石頭にありし蚊子の鐵牛

にのぼれるがごとし大寂の道取す

Daijaku Zenji répond :

> « *Je lève intentionnellement les sourcils et fais un clin l'œil, je suis temps. Je lève, sans le vouloir, les sourcils et fais un clin d'œil, je suis temps. Je lève les sourcils et fais un clin d'œil à propos, je suis temps. Je lève les sourcils et fais un clin d'œil mal à propos, je suis temps.* »

À ces paroles, Yakusan atteint l'éveil.

> « *Chez Sekitō, où j'ai passé beaucoup de temps à étudier, j'étais comme un moustique essayant de chevaucher un taureau de fer.* »

Daijaku s'exprime

Lorsque, selon la légende, Shakyamuni Bouddha, sur le Pic des Vautours, transmit son enseignement, il sourit (***levant les sourcils et faisant un clin d'œil***) tout en faisant virevolter une fleur entre ses doigts. Il suffit d'un sourire pour que Mahākāsyapa comprenne. Dans ce dialogue-ci, le protagoniste est Daijaku lui-même, transmettant, à sa manière, son enseignement à Yakusan, un enseignement « en plus des écritures ».

Notons que Daijaku (*alias* Baso) est célèbre pour avoir affirmé l'immanence de la nature-de-Bouddha dans le phénoménal : « *L'esprit en tant que tel est le Bouddha* », « *L'esprit ordinaire est la Voie* ». Selon lui, tous les actes sont le produit de la nature-de-bouddha, innée à tout et à tous. La corrélation entre le *temps*, comme coproduction, et la nature-de-bouddha fait à nouveau surface !

Par sa réponse à Yakusan, Daijaku enseigne que tous ses gestes et actions, si subtils, si ténus soient-ils, sont le produit d'un concours de circonstances, sont donc naturels. Certains sont intentionnels, d'autres répondent à des ressorts qui échappent à sa conscience.

Certains tombent bien, d'autres sont mal à propos. Il ne cherche pas à les contrôler. Daijaku est, lui-même, le produit d'un concours de circonstances. Ce qu'il décrit ici est, ni plus ni moins, la dislocation, l'éclatement naturel, de la personne.

Nous touchons à ce qu'il convient d'appeler « la liberté du cœur », source de toute activité éclairée. Les actes de Daijaku se situent dans le commencement de l'acte, sans qu'il se soucie ni de les achever, ni de se les approprier. Il ne reste que des fulgurations d'actes instantanés jaillissant librement de son cœur. Ces actes sont néanmoins partie intégrante de l'enchaînement karmique.

Au dynamisme des phénomènes s'adjoint le dynamisme psychique dont le bouddhisme Yogācāra (des pratiquants du yoga) a fait une analyse particulièrement profonde.

Daijaku semble dire à Yakusan, le scoliaste :

> « *Makukwanta* 莫管他. *N'interviens pas! Laisse les choses suivre leur cours! Ne perturbe pas le dynamisme de la Voie!... C'est le plus court chemin menant au Bouddha Dharma* » (lu dans le fascicule *Yuibutsu Yobutsu*).

À ces paroles, Yakusan atteint l'éveil

Son cœur, devenu libre, s'est imprégné du *temps*, l'élément dans lequel baigne Daijaku. Son *ego* de scoliaste est néantisé.

Le maître fondateur, Bodhidharma, était lui-même un « produit karmique ». Le fait qu'il soit venu en Chine était dû à un concours de circonstances dont beaucoup échappaient à son intention et à sa conscience. Il constitua cependant un événement remarquable, miraculeux, car il sera le premier maillon de la lignée ch'an qui traversera tout l'Extrême-Orient.

Chevaucher un taureau de fer

Pour un moustique, essayer de darder un taureau de fer est évidemment vain. C'est ce que Yakusan s'évertuait à faire par sa grande érudition et son étude approfondie des écritures.

L'enseignement de Daijaku est « au-delà des écritures », non pas au sens où les écritures devraient être ignorées et rejetées en bloc, comme certaines communautés zen du passé et du présent ont voulu le faire croire. L'enseignement prodigué par Daijaku est un enseignement vécu, psychosomatique, pourrait-on dire, venant confirmer l'enseignement des écritures.

ゆゑより餘者となしかゝまて眉目
無き山海なるなへし山海ハ眉目なるか也
にその教伊揚ハ山こそみゆへしその教
伊騰無き海をと宗すへし是ハ伊よ慣
習せり伊無き教よ誘引せてゆ不是ハ
不教伊よあるまて不教伊ハ不是よわ
しそとなきことにて有時なり山も時
なり海も時なり時よあるさまハ山海わ

d'une manière peu commune. Chez lui, *sourcils* et *œil* sont à coup sûr montagnes et océan, parce que montagnes et océan sont ses *sourcils* et son *œil*. Dans *je lève* vous devez voir la montagne. Dans *le clin d'œil* vous devez vous perdre dans le vaste océan. *À propos* et *je* sont intimement liés. *Je* est amené par *lève*. *Mal à propos* n'est pas *je ne lève pas*, n'est pas séparé de *je*. *Ne levant pas* n'est pas *mal à propos*. Tous ces *temps* sont des moments de *je suis temps*.

Les montagnes sont *temps*. Les océans aussi sont *temps*. S'ils n'étaient pas *temps*, il n'y aurait ni montagnes ni océans.

***Sourcils* et *œil* sont à coup sûr montagnes et océan**

Dōgen confirme à nouveau son ralliement au bouddhisme Huayan : tout est coproduit, une seule chose contient tout, tout est contenu dans une seule chose, microcosme et macrocosme coïncident, entrent en résonance et se réfléchissent l'un l'autre. Le corps de Daijaku est l'univers entier.

Un ancien bouddha dit : « *L'univers entier est le corps véritable de l'homme. L'univers entier est la porte de l'émancipation. L'univers entier est l'œil unique du Bouddha Vairocana. L'univers entier est mon corps de Dharma.* »

La dislocation, l'éclatement, la désintégration de la personne décrite pas Daijaku, est, en fait, une réintégration dans l'univers, *montagnes et océans*.

Donnant plus tard raison au « Bouddhisme critique », Dōgen rejettera cette vision du monde dans un fascicule tardif, *Shizen biku*, rédigé en 1255, donc après sa mort : « *Certains disent que, parce que l'éveil des bouddhas enveloppe le monde entier, même une poussière manifeste cet éveil... Que voir les montagnes et les rivières est voir le Tathagata et que les quatre illusions et les trois poisons sont le Dharma de Bouddha... Leur lignée bouddhique*

est douteuse. Mais il est clair qu'ils ne comprennent pas ce qu'est le bouddhisme. »

À propos* et *je* sont intimement liés… *mal à propos* n'est pas *je ne lève pas

Tous les phénomènes sont distincts, discontinus, quasi mort-nés de l'enchaînement karmique. Ils sont insubstantiels. Ils ne sont que la loi de leur apparition-disparition.

Dōgen a donc changé de registre pour déplacer son regard sur l'instantanéité de toute chose et sur l'éclatement de la personne, laquelle n'est plus qu'une synthèse illusoire. « *Pour qui a vu le caractère non-né des dharma, chaque chose surgit libre de tout concept, projet ou saisie, dans une plénitude qui a la légèreté du vide, dans une liberté sans origine, mais aussi existant seule au moment où elle est perçue parce que "telle qu'elle est" sans manque ni excès, sans cause ni effet…* » (Silburn, *Aux sources*, p. 172).

En termes d'articulation entre les deux vérités, nous avons vu que, selon Jacques May, la coproduction remplissait cette fonction cruciale. Puis, nous avons précisé que le *nikon*, *le maintenant même*, pouvait être, non seulement ce point d'articulation, mais le point où la triple vérité de Zhiyi se réalise. Enfin, ici, on découvre que c'est, non seulement dans le *maintenant même*, mais dans l'*instantanéité* de toute chose que la triple vérité se trouve. *Chaque instant est un instant de plénitude* était notre traduction du terme *zenki*. Il n'y a pas de contradiction entre ces trois « agents » (*coproduction*, le *maintenant même*, *instantanéité*). Chacun se range sous la loi de causalité, comme pure temporalité.

あるべからず山海の而今にあらずとすべからず時もし壊すれば山海も壊す時もし不壊なれば山海も不壊なりこの道理に明星出現す如来出現す眼睛出現す拈華出現すこれ時なり時にあらざれば不恁麼なり

葉縣の帰省禅師は臨済の法孫な

Ne dites pas que les montagnes et les océans, ici présents, ne sont pas *temps*. Si le *temps* était anéanti, montagnes et océans seraient aussi anéantis. C'est ainsi que l'étoile du matin apparaît, que Tathāgata apparaît, que s'ouvre l'œil clair de la sagesse, que le Bouddha fait entre ses doigts virevolter la fleur. Tel est le *temps*. Sans *temps*, rien ne pourrait être ainsi.

Le maître de méditation Kishō de Sekken, héritier spirituel de Shuzan, de la lignée de Rinzaï,

Si le *temps* était anéanti…

Sans coproduction en consécution (sans *temps*) rien de tangible ne se produit. C'est une évidence.

C'est ainsi que l'étoile du matin apparaît, que Tathāgata apparaît

Le point d'articulation des deux vérités, la coproduction, le maintenant même, l'instant, suscite naturellement les événements les plus remarquables de la tradition bouddhique : apparition du Tathāgata (« *Celui qui est arrivé ainsi* »), ouverture de l'œil du Dharma, transmission du Bouddha à Mahakasyapa sans prononcer un seul mot.

Vérité de surface (montagnes et océans) et vérité de sens ultime (œil clair de la sagesse, Tathāgata) et vérité médiane sont confondues.

Kishō Zenji de Sekken

Sekken Kisei (*ch.* Shexian Guixing) (s. d.), héritier spirituel de Shuzan Shōnen (*ch.* Shoushan Xingnian) (926-993).

は首山の嫡嗣なりあるとき大衆に
しめしていはく
有時意到句不到
有時句到意不到
有時意句両倶到
有時意句倶不到
意句ともに有時なり到不到とも
に有時なり到時未了なりといへとも

enseigne à l'assemblée des moines :

> « *Une pensée qui tombe juste, un mot qui ne tombe pas juste, sont temps. Un mot qui tombe juste, une pensée qui ne tombe pas juste, sont temps. Pensée et mot qui tombent juste sont temps. Pensée et mot qui ne tombent pas juste sont temps.* »

Pensée et *mot sont temps* et vont ensemble. Qu'ils *tombent juste* ou *non* sont aussi *temps* et vont ensemble.

Une pensée… un mot…

Pensée et mots (ou noms), les deux composants psychologiques de l'être humain, sont liés l'un à l'autre. Vient s'ajouter la variable aléatoire *tomber juste* et *ne pas tomber juste*.

Tomber juste… ne pas tomber juste

Les paroles de Sekken suivent le fil de pensée indiqué par Daijaku, celui du *temps* comme une série d'instants qui font éclater la personne. ***Tomber juste*** et ***ne pas tomber juste*** sont des instants qui se combinent avec *pensée* et *mot*. Ces quatre instants se combinent et permutent librement entre eux. « Liberté du cœur », liberté du *temps* !

不到時来なり意ハ驢なり句ハ馬なり
馬を句とし驢を意とせり到そ
れ来にあらず不到これ未にあらず
有時かくのごとくなり到ハ到に罣
礙せられて不到に罣礙せられず不
到ハ不到に罣礙せられて到に罣礙
せられず意ハ意をさへ意をみる
句ハ句をさへ句をみる礙ハ礙をさへ

Bien que le temps de *tomber juste* ne soit pas encore achevé, le temps de *ne pas tomber juste* est déjà arrivé.

La pensée est l'âne. *Le mot* est le cheval, faisant du cheval le *mot* et de l'âne la *pensée. Tomber juste* n'arrive pas ; *ne pas tomber juste* n'est pas encore. Ainsi va le *temps.*

Tomber juste pénètre *tomber juste,* ne pénètre pas *ne pas tomber juste. Ne pas tomber juste* pénètre *ne pas tomber juste,* ne pénètre pas *tomber juste. Penser* pénètre *penser* et voit *penser. Le mot* pénètre *le mot,*

La *pensée* est l'âne. *Le mot* est le cheval

Dōgen ajoute une dimension temporelle au *tomber juste* des *pensées et mots* : ***arriver, ne pas arriver.***

Les deux animaux mentionnés ici, l'âne et le cheval, ne sont pas ceux du cycle animalier de l'astrologie. Ici, Dōgen fait appel à un dialogue entre Chōkei Eryō (*ch.* Changqing Huileng) (854-932) et Reiun Shigon (*ch.* Lingyun Zhiqin) (s.d.) son maître :

> Eryō : « *Quel est le principe fondamental de l'enseignement de Gautama Bouddha ?* »
>
> Reiun : « *Le cheval est arrivé avant que l'âne ne soit parti.* »

Ce dialogue semble évoquer une rupture de charge : le déchargement d'une marchandise, telle que le riz, du dos du cheval et son chargement sur l'âne, le long d'une chaîne d'approvisionnement, métaphore de l'enchaînement karmique. Mais il y a mieux, le cheval sait que l'âne va arriver avant même que l'âne ne soit parti. Dans l'enchaînement karmique le passage de l'âne au cheval est imprévisible, invérifiable.

Le *mot (cheval)* est-il arrivé avant que la *pensée (âne)* soit née ? Le *mot* précède-t-il la *pensée* ? L'enchaînement karmique est insondable.

Pénétrer (*keige* 罣碍)

Ce terme est délicat à traiter. 罣 *kei* signifie accrocher, tamiser, cribler ; 碍 *ge*, s'opposer à, limiter, obstruer, restreindre.

Keige est généralement traduit dans un sens défavorable : empêcher, entraver, faire obstacle. Selon Hata Kuniyoshi, Dōgen lui donne le sens de « *faire être toutes choses en tant que telles, de faire exister le monde* » (cité par Pierre Nakimovitch *Dōgen et les paradoxes,* p. 172-173). Je suis de cet avis. Qu'est-ce qui « fait être toutes choses » si ce n'est la coproduction ? *Keige* devient ainsi une des expressions de la coproduction conditionnée, mais d'une coproduction intérieure au *dharma* et peut se traduire par : ***pénétrer*** au sens de « *passer à travers ce qui lui fait* (intérieurement) *obstacle* ».

En effet, les *pensées*, les *mots*, *tomber juste, ne pas tomber juste,* etc., ne sont pas des *dharma* simples. Chacun des *dharma* étant un assemblage complexe de relations est également en relation à l'intérieur de lui-même, c'est leur intra-dépendance, leur auto-pénétration, qui est, à mon avis, le sens profond de *keige*.

Tomber juste est sans relation de causalité avec *ne pas tomber juste*. Et vice versa. Ils sont deux *dharma* sans lien de dépendance, parfaitement discontinus. Ici, un *dharma* n'est pas déterminé par son contraire, mais par lui-même, par son travail sur lui-même.

Mais, si les *dharma* ne sont plus interdépendants mais intra-dépendants, cela signifie-t-il que nous sommes dans le domaine de la vérité de sens ultime, celle qui fait éclater la loi de causalité ? « *Il ne reste plus dès lors que des entités discrètes, refermées chacune sur elles-mêmes ; toute relation est impossible et la loi bouddhique s'écroule* » (Jacques May, *Candrakīrti*, p. 18). La coproduction n'est plus, la consécution n'est plus, le *temps* n'est plus. Se découvre la vacuité.

Dans les stances dédicatoires des *Stances du milieu*, Nāgārjuna assimile, nous l'avons vu, la coproduction conditionnée à une non-production : « *Sans rien qui cesse ou se produise..., sans arrivée ni départ, telle est la coproduction conditionnée, des mots et des choses apaisement béni* » (trad. Guy Bugault).

Penser* pénètre *penser* et voit *penser

Il ne s'agit plus de ***pensée***, mais du ***penser*** qui, passant à travers ce qui lui fait obstacle, à travers le crible qui ne saurait l'arrêter, ne fait que penser, fait halte sur le penser et se néantise. ***Voit penser*** signifie que le méditant ne voit rien, a été évacué. En d'autres termes, le méditant est médité, comme l'arroseur des frères Lumière est arrosé ! N'est-ce pas là une description du non-penser, une notion particulièrement chère au zen ?

Le mot* pénètre *le mot* et voit *le mot

Le *mot*, par exemple, le mot *mu* 無, occupe, un instant, tout le territoire mental, en l'absence du soi. Le mot se néantise. La causalité s'effondre, un instant.

礙とみな礙ハ礙を礙するなりこれ
時なり礙ハ他法に使得せらるといへど
も他法を礙する礙いまだあらざる
なり我逢人なり人逢人なり我逢我な
り出逢出なりこれらもし時をえざる
にハ恁麼ならざるなり又意は現成公
案の時なり句は向上関捩の時なり
到ハ脱體の時なり不到は即此離此の

et voit *le mot*. Pénétrer pénètre pénétrer et voit pénétrer. Entraver entrave entraver. Ceci est le *temps*. Bien que pénétrer s'applique à beaucoup de choses autres que celles-ci, pénétrer une chose ne peut jamais servir à pénétrer une autre chose.

Je rencontre un homme ; l'homme se rencontre lui-même ; je me rencontre moi-même ; aller à l'encontre rencontre aller à l'encontre. Sans le *temps*, il ne pourrait en être ainsi.

Aussi *penser* est le *temps* où perce l'ultime, *le mot* est le *temps* où s'ouvre la barrière. *Tomber juste* est le *temps* du corps rendu diaphane. *Ne pas tomber juste* est le *temps* de ni avec [la Voie], ni séparé de [la Voie].

Entraver entrave entraver

Un autre exemple où le même mot 碍 (ici isolé du 罣 de 罣碍) sert de sujet, de verbe et d'objet. Suivant la logique de ce tour grammatical suivie auparavant par Dōgen, on pourrait ajouter « et épuise entraver ». « Apaisement béni. »

Au lieu de cela, Dōgen dit : ***ceci est le temps***! Ne serait-ce pas le non-temps *muji* 無時, l'autre face de *uji* 有時 ?

Pénétrer une chose ne peut jamais servir à pénétrer une autre chose

Chaque instant de pénétration est unique, non exportable, car localisé dans un *dharma*. Chaque rencontre est unique, ne se coproduira plus jamais.

Je rencontre un homme…

On pense au célèbre dicton du maître de thé Yamanoue Sōji (1522-1591) : 一期一会, « une vie, une rencontre » : une rencontre est unique et irremplaçable, au point qu'elle ne se reproduira jamais plus.

Venant juste après les tirades sur « *entraver entrave entraver* » etc., la relation d'intra-dépendance, cède, dans ces lignes, la place à celle de *rencontre* (*au* 逢) entre deux personnes

placées, même temporairement, en co-dépendance.

Se peut-il que Dōgen décrive ici l'instant où deux regards se croisent dans la foule ? En une fraction de seconde, les deux personnes éprouvent le sentiment d'une indescriptible complicité. Les trois phases : *je me rencontre moi-même, l'homme se rencontre lui-même, aller à l'encontre rencontre aller à l'encontre*, sont ramassées en un seul instant. Les deux personnes ont fait « un » l'espace d'un instant. Puis chacune reprend ses occupations. Qui n'a pas éprouvé une telle fulguration ?

Une autre interprétation, plus plausible peur-être : Dōgen évoque sa rencontre avec le vieux bouddha Nyojō (*ch.* Rujing) au temple de Tiantong, « l'ami de bien », qui allait devenir son maître spirituel. Plus que de *rencontre* il s'agit de reconnaissance, d'une reconnaissance au sens double de connaître à nouveau et de gratitude. Soudainement, le jeune Dōgen reconnaît Nyojō, Dōgen se reconnaît lui-même, Nyojō se reconnaît lui-même, Dōgen et Nyojō se reconnaissent l'un dans l'autre. Ils vont l'un vers l'autre, se trouvent. La reconnaissance reconnaît la reconnaissance. Rencontre miraculeuse. L'esprit de sa rencontre avec Nyojō ne quittera pas Dōgen tout au long de sa vie. Une seule de telles rencontres ne suffit-elle pas à déterminer la vie entière d'une personne ?

Aussi *penser* est le *temps* où perce l'ultime, *le mot* est *le temps* où s'ouvre la barrière

Les *pensées*, les *mots*, qui sont coproduits, maintenants, instantanés ouvrent le passage à l'ultime.

Le corps rendu diaphane

Le corps, exténué, devenu une maison vide, vide de ses prérogatives, « débrayé du moi », diaphanisé (expression empruntée à Romain Graziani) par la rencontre.

Ni avec [la Voie], ni séparé de [la Voie]

Position médiane, celle des *bodhisattva*, « êtres à éveil » (*bodhi*), qui, pour le bien des êtres, évoluent dans le monde des passions (le *samsāra*), sans quitter le *nirvāna*, car on ne quitte pas plus le *nirvāna* qu'on n'y entre.

時なりかくのごとく辦肯すべし有
時すべし向來の尊宿ことごとく恁麼
いふともさらに道取すべきところあ
らんやいふべし
意句半到也有時
意句半不到也有時
かくのごとくの參究あるべきなり
教伊揚眉瞬目也半有時

Vous devez le vérifier vous-mêmes et vous en convaincre fermement. Vous *êtes temps*.

Ainsi les anciens maîtres ont prononcé ces paroles. Y a-t-il quelque chose à ajouter ?

Oui, bien sûr ! Je dis :

> « *Pensée et mot tombant à moitié juste sont temps. Pensée et mot ne tombant même pas à moitié juste sont temps.* »

Vous devez approfondir ceci :

> « *Levant les sourcils et faisant un clin d'œil, ce n'est pas encore le moment [de votre réalisation].*

Oui bien sûr !

Dōgen, sûr de lui, ne se satisfait jamais de ce que ses prédécesseurs, même les plus célèbres, ont pu dire.

L'interprétation que je propose de ce dernier passage est assez personnelle et prêtera certainement le flanc à la critique. Avec ***tombant à moitié juste*** et ***tombant même pas à moitié juste***, Dōgen dit que quelque inachevés que puissent être les *pensées* et les *mots* cela ne change rien à la grande affaire du temps. *Tout ce qui est est temps.* La loi de causalité ne connaît pas les jugements de valeur.

Levant les sourcils et faisant un clin d'œil, ce n'est pas encore le moment [de votre réalisation]

Dōgen tente de tempérer l'optimisme que ses propos ont pu faire naître chez ses élèves, « sac de peau ». Il ne suffit pas de lever les sourcils et de faire un clin d'œil pour être un sage et transmettre un enseignement. Il ne suffit pas que le maître donne la bastonnade à ses élèves, éructe un *Katsu* ! 喝, ou dessine des cercles dans le vide à l'aide de son bâton pour être un maître de méditation, un bouddha.

教伊揚眉瞬目也錯有時

不教伊揚眉瞬目也錯錯有時

恁麼のごとく参来 参去 参到 参不到

する有時の時なり

正法眼蔵有時第二十

Levant les sourcils et faisant un clin d'œil, c'est le moment où vous avez tout faux. Ne pas lever les sourcils et ne pas faire un clin d'œil, ce n'est pas encore le moment [de votre réalisation]. Ne pas lever les sourcils et ne pas faire un clin d'œil, c'est le moment où vous avez deux fois tout faux! »

Les vicissitudes de notre pratique, ses allées et venues, ses réussites, ses échecs, c'est *le temps*.

Que vous ***leviez les sourcils et fassiez un clin d'œil*** ou que vous vous en absteniez, le résultat est le même: ***pas encore, tout faux, pas encore, deux fois tout faux***. Bref, ça ne marche pas!

Cette conclusion devient une mise en garde. Dōgen semble dire: ne vous imaginez pas que vous devenez bouddha du seul fait que vous levez les sourcils et faites un clin d'œil. Encore faut-il que vous ayez rencontré, ***reconnu*** et ***été reconnus par*** un maître, un ami de bien, bouddha. Encore faut-il que vous suiviez la discipline, les préceptes. Encore faut-il que vous vous adonniez à la méditation intense du *shikantaza*.

Ayez confiance! *Trois têtes et huit bras.*

日域曹洞開闢佛法道元禪師

[De] Dōgen Zenji,
le fondateur du Bouddhadharma Sōtō
au Japon

Écrit à Kōshō Hōrinji, le premier jour de l'hiver,

la première année de l'ère Ninji [1240]

Hiroshi SUGIMOTO

Teatro dei Rinnovati, Siena, 2014
« Stazione Termini », 1953. Mise en scène par Vittorio de Sica
Temps du film : 1 heure 19 minutes

La photographie reproduite[1]

La photographie de Hiroshi Sugimoto fait partie de la série des *Theaters*. Elle a été prise au Teatro dei Rinnovati, Siena, Italie, en 2014. Le film projeté sur l'écran était « *Stazione Termini* », 1953, mis en scène par Vittorio De Sica, pour une durée d'une heure dix-neuf minutes.

Le script du film :

> Un jeune italien et une femme mariée américaine se rencontrent à Rome et s'éprennent l'un de l'autre. Il la prie de rester à Rome et de refaire sa vie avec lui. Elle se sent obligée de revenir auprès de son mari et sa fille à Philadelphie. Dans la douleur, ils se séparent. Elle prend le train pour Paris.

Biographie de Hiroshi Sugimoto

Hiroshi Sugimoto 杉本博司 est né à Tokyo en 1948. Après avoir fait des études en économie à l'Université de Rikkyo, il part étudier la photographie à l'Art Center College of Design de Pasadena en Californie. En 1974, il s'installe à New York où se trouve encore son studio. Il partage son temps entre les États-Unis et le Japon où il établit l'Odawara Art Foundation et crée *ex nihilo*, face à l'océan Pacifique, l'étonnant Observatoire d'Enoura (江之浦測候所), « un temple sans moines », dit-il. Artiste pluridisciplinaire,

1. Photographie reproduite avec l'aimable autorisation de Hiroshi Sugimoto.

il se consacre aux arts de la scène et à l'architecture. Ses œuvres sont exposées dans le monde entier.

Le temps photographié

> « Le temps ne fait qu'un avec le monde, dans ce sens qu'il ne peut être saisi de façon abstraite. »
>
> Hiroshi Sugimoto, *Accelerated Buddha*, Éditions Xavier Barral, 2013, p. 176

Genèse de la série des *Theaters*

Écoutons Hiroshi Sugimoto sur le rapport entre la photographie, la réalité et le temps :

> « Une photographie immobilise une réalité déjà morte sous la forme d'une image fixe. Quand vous visionnez une série de ces images, la réalité est ressuscitée… Mon idée était de photographier un film cinématographique, avec tous ses attributs de vie et de mouvement ; puis de le ramener à son immobilité de départ… Je me promis d'utiliser la photographie comme un moyen de faire disparaître par une surabondance d'images ces fantômes ressuscités.
>
> Je me préparai dès lors à saisir les 170 000 vues [d'un film cinématographique] sur une seule vue photographique. Le résultat, tel que je le pressentais, serait un écran blanc de neige, luminescent, au centre d'une salle plongée dans l'ombre. La lumière créée par une accumulation de 170 000 clichés serait la manifestation de quelque chose de fascinant, de divin ; peut-être serait-ce un « excès de mort ».
>
> Après une semaine de préparation, je mis mon projet à exécution dans une modeste salle de cinéma de Manhattan… L'objectif [de mon appareil photo 8 x 10] était un Schneider de 165 mm. Le temps de pose, l'entière durée du film. Le film, d'environ 170 000 vues [à raison de 24 vues par seconde]. L'ouverture, à 11, 5… C'est ainsi que je fis ma première tentative. Rentré chez moi, je développai aussitôt ma pellicule. En allumant la lampe de la chambre noire, je vis que le résultat correspondait exactement à mon attente [un écran blanc luminescent]. [Le rayon lumineux émis par le projecteur

rebondissait à partie de l'écran émettant une incandescence étrange révélant l'architecture de la salle.]
C'était quelque chose qui n'existait ni dans la réalité, ni dans ce que j'avais pu percevoir. Qui a bien pu avoir cette vision singulière ? L'appareil de photo et lui seul. C'était l'image fixe d'une grande accumulation d'images fixes. L'excès de lumière ainsi créé illuminait les ténèbres de l'ignorance. »

My Inner Theater, in *Theaters*,
Damiani and Matsumoto Éditions, 2016
[traduit par Charles Vacher]

« L'œil humain n'ayant pas d'obturateur, fonctionne comme un temps de pose ininterrompu. À la naissance, la durée d'exposition commence. À la mort, elle s'achève. Il n'y a qu'une seule durée d'exposition. La vie est une longue pose. »

Black Box, Aperture Foundation, 2016, p. 147
[traduit par Charles Vacher]

La notion bouddhique du temps

Écoutons Guy Bugault :

« Les dharma... points instants, en eux-mêmes discrets et discontinus, évanescents, mais dont la suite et le concours nous donnent l'impression d'une continuité existentielle, en nous et autour de nous. En réalité, ce n'est qu'un processus "karmique", né des actes et conduisant à de nouveaux actes. Ainsi, de nos jours, vingt-quatre images/seconde projetées sur nos écrans nous donnent, grâce à la persistance de la sensation lumineuse sur la rétine, et grâce aussi à la part de rêve qui s'insinue dans les intervalles, l'illusion d'un film et donc d'une réalité. Pour un bouddhiste toutes les synthèses empiriques sont des pseudo-synthèses, œuvre de l'imagination. Et nous verrons que certaines écoles du Grand Véhicule mettront en cause la réalité des dharma eux-mêmes ! À ce moment, le travail rationnel d'analyse et de discernement débouche, de manière inattendue, sur un abîme qu'on peut qualifier de mystique lorsqu'il nous amène à entrevoir le vide de toute chose et donc à évacuer tous nos schèmes idéo-moteurs, ceux de la vie sociale et quotidienne. »

L'Inde pense-t-elle ? p. 121

« On s'aperçoit que l'illumination, l'éveil, ce n'est pas l'instant où tels objets sont illuminés ni même tous les objets dénombrables, non, c'est l'instant où il n'y a plus rien à voir, l'instant où il n'y a plus que lumière, tous les objets (*grāhya*) en même temps que tout sujet (*grāhaka*) se trouvant dissous dans la lumière, et cela parce qu'ils sont eux-mêmes lumière. »

Guy Bugault, *La Notion de 'Prajñā'*, p. 195

Cette photographie n'est pas un instantané

Le travail photographique de Sugimoto nous place en présence d'un faisceau de significations dont certaines ressortissent à la pensée de Dōgen.

Il recrée pour nous, de manière concrète et dynamique, le basculement de la **vérité de surface**, celle du processus karmique qu'est le film cinématographique, dans la **vérité ultime**, l'écran blanc, luminescent. Il saisit ce que, dans notre introduction, nous avons appelé « l'effondrement de la loi de causalité » et sa résolution en vacuité.

Le **maintenant même** de ce faux instantané n'est ni celui la vérité de surface *per se* ni celui de la vérité ultime *per se*. Il est le maintenant même de la **vérité médiane** qui les fusionne en elle – cette vérité qui les *engloutit* ou *les vomit*, dirait Dōgen – « *excès de mort* », dit Sugimoto.

Le travail de Sugimoto éveille certainement des résonances très profondes chez le pratiquant de la **méditation** bouddhique. En lui, se réalise un basculement du même ordre, le « renversement de la base » des Yogācāra, « la réflexion pour éclairer la pensée » de Zhiyi, le « renversement de la lumière de l'extérieur vers l'intérieur pour éblouir le penser et pour l'épuiser » dont parle souvent Dōgen. L'esprit lumineux et « numineux » (selon Carl Gustav Jung) produit cet « *excès de lumière* [qui illumine] *les ténèbres de l'ignorance* » (Sugimoto).

La photographie de Sugimoto, dans son saisissant raccourci, illustre, s'il en était besoin, l'inanité d'un débat qui n'a cessé d'alimenter le zen extrême-oriental : l'éveil est-il **abrupt**, une fois pour toutes, ou **graduel** ? Nous savons que, pour Dōgen, l'éveil, faisant un avec la pratique, est à la fois abrupt et graduel.

Est-il permis de dire qu'une seule photographie de Sugimoto suffit à évoquer ce que nous avons appelé la « **liberté du cœur** », jaillissement des actes et des pensées ? Oui, sans doute, si l'on se met dans la peau de l'acteur du processus karmique qu'est un film cinématographique. Mais cette « liberté du cœur », cette inépuisable créativité, n'est-elle pas plutôt celle du photographe, de l'artiste universel, Hiroshi Sugimoto ?

Dès notre première rencontre, il me demanda, à brûle-pourpoint, « Qu'est-ce que vous voyez [dans ces images de *Theaters*] ? » Je lui répondis sans réfléchir : « J'y vois **la mort**. » J'aurais pu tout aussi bien dire : « L'extinction ».

Charles VACHER
Tokyo, octobre 2018

Postface

Cette nouvelle traduction de *Uji* par Charles Vacher, vingt ans après la première, bilingue, faite en collaboration avec Eidō Shimano Rōshi, et après celle de cinq autres des quatre-vingt-quinze fascicules qui constituent le *Shōbōgenzō*[1], l'œuvre majeure de Dōgen, est animée par la volonté de rendre aussi accessible que possible aux lecteurs français sa théorie du temps, dont l'importance pour la compréhension de tous les autres aspects de sa pensée doit être d'emblée soulignée. Il faut en effet rappeler que Dōgen Kigen (1200-1253), le fondateur de l'école Sōtō du bouddhisme zen au Japon, n'est pas seulement un des plus grands maîtres du bouddhisme japonais, mais aussi l'un des plus importants penseurs du Japon, considéré comme l'égal de Nāgārjuna, un des plus grands penseur de l'Inde.

On sait que Dōgen s'était montré peu satisfait de l'enseignement qu'il avait d'abord reçu dans l'école Tendaï, et qu'il fut initié par la suite à la pratique du *zen*[2] dans l'école Rinzaï. Il avait en effet été saisi de doute, du fait que dans l'école Tendaï, qui suivait l'enseignement du Grand Véhicule, l'accent était mis sur la boddhéïté qui se trouve en tout esprit humain, de sorte que l'atteinte de l'éveil (*bodhi*) semblait être ainsi immédiatement à la

1. *Shōbōgenzō*: littéralement « Le Trésor de l'œil de la Vraie Loi », car le véritable trésor de la "vraie loi" (*dharma* en sanskrit, *shōbō* en japonais) n'est pas seulement constitué par les paroles mises par écrit du Bouddha, mais par la nature du Bouddha propre à chacun et dans la capacité à en avoir une vue correcte.
2. *Zen*, mot qui dérive de la prononciation japonaise du mot chinois *chan,* dérivé lui-même du mot pali, la langue du Bouddha, *jhāna*, correspondant au mot sanskrit *dhyāna*, qui veut dire méditation.

portée de tous. Il fut par la suite initié à la pratique du *zazen*[1] dans l'école Rinzaï, où l'on s'efforçait de faire part égale à la méditation silencieuse, au travail physique et à la parole, mais là encore Dōgen considéra que l'accent mis sur la pratique des *Kōan* était excessif[2]. C'est ce qui explique que, comme le fondateur de l'école Rinzaï, Myōan Eisai, qui avait entrepris quelques années auparavant de se rendre en Chine pour y trouver le « vrai bouddhisme », Dōgen décida lui aussi de partir pour la Chine.

Ce vrai bouddhisme, qui est à l'origine de la quasi-totalité des écoles bouddhistes qui se sont développées en Chine à partir du Vᵉ siècle, c'est le *Mahāyāna*, le « Grand Véhicule », et en particulier, l'école de la « Voie du Milieu », *Mādhyamaka*, à laquelle Nāgārjuna, penseur indien bouddhiste du IIᵉ-IIIᵉ siècle, a donné une impulsion décisive. Or c'est dans le *Mūlamadhyamakakārikā*, les *Stances du Milieu par excellence*, un texte composé de 27 chapitres qui constitue le fondement théorique de cette école, que l'on trouve la conception du temps qui va être à la base de celle de Dōgen, comme Charles Vacher le souligne bien dans son commentaire.

Ce que met en effet fondamentalement en question Nāgārjuna, c'est l'idée, propre à la philosophie occidentale – mais aussi à la science moderne qui postule qu'il y a un point d'origine du temps de l'univers –, qu'il y a un cours du temps dans lequel prennent place les événements et les choses. Il ne s'agit évidemment pas pour lui de nier l'existence du mouvement et de rejeter la notion de phénomènes temporels, mais de montrer l'inanité de la conception selon laquelle le mouvement, le temps et les phénomènes temporels sont considérés comme des entités indépendantes. Ce qui constitue le thème central de sa pensée, c'est l'affirmation de l'interdépendance entre elles de toutes choses, aucune chose n'ayant en elle-même une nature pouvant la définir de manière intrinsèque. Il faut souligner que tout repose ici sur ces deux idées maîtresses du bouddhisme – des idées négatives – que sont d'une part l'impermanence (en sanskrit *anytia*) et d'autre part l'absence de soi ou de substrat permanent (en sanskrit *anātman*). Ce sont ces deux idées qui sont à l'origine de ce que l'on peut considérer comme le principe fondamental

1. Méditation assise.
2. Un *Kōan* est une courte anecdote ou un bref échange entre maître et disciple utilisé comme moyen de tester le progrès du disciple dans sa pratique du zen. Ce mot japonais provient du mot chinois *gong'an* qui signifie « rapport public ».

bouddhisme, à savoir la *Pratītyasamutpāda*, la coproduction conditionnée, selon laquelle tous les *dharmas*[1], les phénomènes, sont interdépendants les uns par rapport aux autres.

Le terme *Pratītyasamutpāda*, composé de *pratītya*, dépendance, et de *samutpāda*, production, qui implique que les phénomènes sont tous en interdépendance et sont donc « vides » d'existence intrinsèque, apparaît déjà dans le *Veda* et dans les *Upanishad*. Mais dans le bouddhisme il sert à s'opposer à l'idée qu'il y a à l'origine du monde phénoménal un Dieu créateur ou un principe transcendant, tel que le Soi universel que la pensée védique nomme *Brahman*. Il n'est en effet pas possible d'assigner une cause première à l'ensemble complexe d'interdépendance de toutes choses entre elles. On ne peut plus même parler de dépendance d'une chose à l'égard d'une autre, puisque cette dernière n'a pas non plus d'existence intrinsèque. Le terme de *sunyat*[2], de vacuité, qui apparaît alors, ne renvoie pas à « quelque chose » mais uniquement au fait que toutes choses sont vides d'être ou d'existence autonome (*svabhāva*)[3]. Nāgārjuna ira jusqu'à dire que le concept de vacuité est lui-même vide et n'a aucune existence autonome.

On trouve donc chez Nāgārjuna une critique radicale de la notion de soi, d'existence indépendante ou de substance permanente (en sanskrit *ātman*), laquelle demeure le principe premier de la pensée indienne, en particulier pour l'école de l'*Advaita Vedānta*, l'école de la non-dualité (*advaita*) qui constitue un prolongement du *Veda*, cet ensemble de textes ayant été composés à partir du XVe siècle avant J.-C. Cette école enseigne que la libération (en sanskrit *mokṣa*) du cycle des renaissances (en sanskrit *saṃsāra*) repose sur la prise de conscience de l'identité entre le soi personnel (*ātman*), et l'absolu (*Brahman*)[4]. Or le bouddhisme se fait une tout autre

1. Le mot sanskrit *dharma* (*hō* en japonais), dérivé de la racine *dhr*, qui signifie porter, soutenir a plusieurs sens, celui d'abord d'ordre cosmique, de loi, de devoir, mais aussi de doctrine et de phénomène.
2. La racine du terme de *sunyatā*, est *sunya*, vide, l'apport le plus fondamental de la pensée indienne étant précisément l'invention de cette place vide qu'est le zéro, qui sera défini comme un nombre par le mathématicien et astronome indien Brahmagupta au VIe siècle après J.-C.
3. Mot composé de *sva*, propre, et *bhāva*, nature, essence. Ce terme qui désigne la nature propre d'une chose ou d'un individu constitue un concept fondamental de la pensée indienne dont Nāgārjuna entreprend de montrer l'absurdité.
4. Le mot sanskrit *atman* qui désigne le soi individuel, l'âme, signifie « souffle », tout comme le grec *psukhè*. Voir le verbe allemand *atmen* qui signifie « respirer ». Le participe présent *Brahman* repose sur la racine *brh*, qui veut dire « accroître » et peut être traduit par « puissant, grand », et le mot *mokṣa* dérive de la racine *muc*, qui veut dire libérer. Quant au mot *saṃsāra*, il provient du verbe *saṃsār*, circuler, et du préfixe *sam*, ensemble, et est le plus souvent traduit par « transmigration ».

conception de ce qu'il nomme *nirvāna*, extinction, plutôt que *mokṣa*, libération. Nāgārjuna s'oppose en effet à la distinction que fait l'*Advaita Vedānta* entre deux états, *saṃsāra* d'une part et *mokṣa* ou *nirvāna* d'autre part, car la seule différence entre eux réside uniquement dans la manière dont chacun se situe par rapport à eux. Le *bodhisattva*, celui qui a atteint l'éveil (*bodhi*) demeure au sein du *samsāra*, car il ne peut y avoir de dichotomie entre l'existence et la libération puisque précisément la libération ou *nirvāna* n'est rien autre qu'une connaissance *complète* de l'existence.

C'est ce qui explique que Nāgārjuna mette l'accent sur cette théorie des deux vérités (en sanskrit, *satyadvaya,* de *satya,* vérité, et *dvaya,* double), l'une relative ou conventionnelle (*saṃvṛti-satya*) et l'autre ultime (*paramārtha-satya*) qui fut enseignée par le Bouddha lui-même et que, comme Charles Vacher le rappelle dans son commentaire, Dōgen reprendra à son compte. Dans le texte intitulé *Vigrahavyāvartani, Pour écarter les vaines discussions,* Nāgārjuna affirme que tous les phénomènes sont semblables à un mirage, à un songe, qu'il en va de même du mouvement et du temps et il rejette l'idée même de causalité, car « rien ne surgit ni de soi-même, ni d'autre chose ». Il reconnaît pourtant que ce songe qu'est le monde n'est pas rien, car il occupe le milieu entre l'existence propre et autonome et la non-existence absolue ou néant. L'esprit en proie à l'illusion (*nirmita*)[1] ne fait pas la distinction entre ces deux vérités. Seuls les éveillés ont accès à la vérité absolue qui est celle du monde réel. Ce que Nāgārjuna a ainsi voulu montrer, c'est que sa théorie de la vacuité, loin de s'opposer à la vérité conventionnelle selon laquelle il y a dans le monde toute un réseau de causes et d'effets en est au contraire la base même en même temps qu'elle donne la possibilité d'aller au-delà.

Ce que Nāgārjuna rejette donc, c'est l'idée d'un temps qui s'écoulerait de manière uniforme et dans lequel prendraient place l'ensemble des phénomènes constituant le monde. C'est de la même manière que Dōgen commence par affirmer dans *Uji*, en citant les vers d'un « ancien bouddha », à savoir le maître ch'an Yakusan (751-834), que les différentes formes de l'existence ne sauraient être séparées du temps. À cet égard, la nouvelle traduction de *Uji* par « je suis temps » – plutôt que par « être-temps » –

1. *Nirmita* vient du verbe *nirmā* qui signifie façonner et est utilisé ici au sens d'illusion magique, sens qui est aussi celui du mot bien connu de *māyā*, nom de l'illusion cosmique.

proposée par Charles Vacher est fort éclairante, car elle met en évidence la non-extériorité du temps par rapport non pas seulement à l'être humain, mais à tout ce qui est. Certes l'être humain s'est montré capable de mesurer le temps, mais cela ne signifie pourtant pas qu'il comprenne en quoi consiste le passage du temps, ce qui n'est possible que dans l'état d'éveil (*bodai* en japonais), car nous prenons alors conscience que notre « je » ne renvoie nullement à un soi permanent, à l'*ātman* de la pensée védique, mais qu'il est au contraire éminemment temporel.

Il n'est donc en tant que tel qu'un aspect, un moment du temps et, en cela, semblable à toutes les autres choses existant dans l'univers. Et pourtant, comme elles, il contient en lui l'univers entier. Ce qui est mis profondément en question ici, c'est cette conception linéaire du temps comme enchaînement inéluctable et continu des causes et des effets qui est à l'origine du *saṃsāra*, du cycle infini des renaissances et de la souffrance (*dukkha* en pali) qui en résulte, dont il s'agit, aussi bien dans l'hindouisme que dans le bouddhisme, de se libérer. La vie actuelle d'un individu est ainsi considérée comme le résultat des actions accomplies dans les vies passées, selon la notion bien connue de *karma*, mot sanskrit qui signifie acte (du verbe *kar*, faire) et qui désigne la somme de ce qu'un individu a fait. Une telle conception du temps relève de cette vérité conventionnelle dont l'éveil nous délivre dans l'instant, car il est le produit de cette pratique continue (*gyoji* en japonais) qu'est le *zazen*, la méditation assise, mais qui inclut aussi les activités quotidiennes.

Celui qui n'est pas parvenu à l'éveil ne peut pas comprendre que, comme le dit Dōgen, « dans chaque moment du temps se trouve tout ce qui existe dans tous les mondes d'existence ». Il pense qu'à un moment donné, il a pris telle forme, puis telle autre à un autre moment, et qu'il a laissé derrière lui la montagne ou la rivière qu'il a traversée. Il se représente l'accès à l'éveil, cette « tour vermeille », comme le but qu'il a atteint en passant par ce chemin qu'est la pratique. Cela provient de ce qu'il conçoit le temps comme extérieur à lui-même, comme s'écoulant de l'avant vers l'après. Comme le dit bien Charles Vacher, il suffit de se placer soi-même dans le flux pour que disparaissent et le spectateur et le spectacle et que l'on atteigne alors la vérité ultime, qui est l'expérience d'une identité avec le temps. Il faut donc rompre avec l'idée que le temps coule, qu'il ne fait que passer et s'envoler, car il serait alors fait d'instants discontinus. Le temps a en réalité la propriété de se perpétuer d'instant en instant. C'est ici que l'on rencontre deux notions fondamentales pour la compréhension du temps, celle de *nikon*, le maintenant, l'aujourd'hui, et de *kyoryaku*, le passage, que Charles Vacher traduit de manière originale par « être en marche » en soulignant bien que la marche est elle aussi fortement centrée sur l'aujourd'hui.

Il ne s'agit pas en effet de comprendre cette marche ou ce passage au sens d'un écoulement du temps qui servirait de cadre extérieur au déroulement d'une existence. Car « passé et présent ne s'empilent pas plus l'un sur l'autre qu'ils ne se juxtaposent l'un à côté de l'autre » (p. 55), mais le passé et le présent coexistent dans le même temps. Il s'agit en effet pour chacun d'habiter sa « position dharmique », son statut de phénomène temporel, ce que veut dire le mot japonais *jūhōi,* que Charles Vacher traduit par « assumer pleinement le temps qui lui échoit ». C'est alors qu'est atteinte la plénitude, cet épuisement du monde dans lequel il se suffit à lui-même, qui advient dans ce que le japonais nomme *kyūgin*, à savoir cette capacité qu'aurait l'individu de pénétrer l'ensemble de la nature par ses efforts de concentration. Charles Vacher y voit avec pertinence une référence à la doctrine des trois vérités qui est celle de ce grand maître que fut Zhiyi (538-597), le fondateur de l'école chinoise du Tiantai, qui mit au centre de son enseignement le *Sūtra du Lotus* [1], que Dōgen considérait lui aussi comme le texte fondamental du bouddhisme. Pour Zhiyi, il faut en effet unifier dans une troisième les deux vérités, relative et ultime, car si la vraie nature des phénomènes est non substantielle et donc « vide », ils n'en possèdent pas moins une existence temporaire.

Accéder à une telle plénitude, c'est cela être temps, car le temps n'est rien autre que « l'agitation exubérante de chaque instant » qu'il ne s'agit pas de tourner en néant, ce qui a lieu lorsqu'on considère que le temps se déroule dans une unique direction et que l'on comprend son passage comme un flot incessant, selon cette conception linéaire du temps qui régit notre première appréhension des choses. Ce qu'il faut donc reconnaître, c'est que le temps est « insondable », insaisissable, et inexprimable. Car, contrairement à ce que l'on imagine habituellement, on ne saurait arrêter cette actualisation ou manifestation du temps (*uji genjō*) qui est « complète » dans l'instant, cette « marche » du temps qui a constamment lieu dans l'aujourd'hui. Ceux qui pensent que la marche du temps leur demeure extérieure sont ceux, explique Dōgen, qui ne se vouent pas « de tout cœur » à la pratique

1. Le *Sūtra du Lotus* (*sūtra*, mot sanskrit qui veut dire « fil », désigne un aphorisme ou un écrit rédigé sous forme d'aphorismes), dans lequel apparaît pour la première fois le terme Mayāhāna, Grand Véhicule, et qui relate l'enseignement donné par le Bouddha à la fin de sa vie au Pic des Vautours, fut rédigé entre le Iᵉʳ siècle av. J.-C. et le milieu du Iᵉʳ siècle ap. J.-C.

de la Voie bouddhique. On retrouve ici l'importance de cet effort continu (*gyogi*) qu'est la méditation dont on pourrait aller jusqu'à dire qu'elle est ce qui maintient l'ordre du monde.

Le texte se termine sur l'affirmation à nouveau de l'inséparabilité de la marche du temps et de l'expérience qu'il s'agit d'en faire dans ce que Dōgen nomme *zenki* et que Charles Vacher a traduit par « instant de plénitude »[1]. Dans *Zenki*, le fascicule n° 22 du *Shōbōgenzō*, rédigé en 1242, soit deux ans après *Uji*, venir à la vie est comparé à monter dans un bateau. Bien que ce soit nous qui le faisons avancer, c'est pourtant le bateau qui nous porte, de sorte que « sans le bateau, nous ne sommes pas »[2]. C'est là une image de l'inséparabilité de l'actualisation du temps et de la pratique. « Cet instant, explique Dōgen, est celui où le monde entier et le bateau sont un seul et même monde. Tout – le ciel, l'eau, le rivage et le bateau – est un seul et même moment. » Et il conclut : « L'instant de notre montée à bord est celui de l'ouverture de la nature entière – notre corps et notre cœur, notre for intérieur, tout ce qui nous entoure, la terre immense et le grand ciel vide[3]. »

De très nombreux travaux ont été consacrés à *Uji*, en particulier dans le monde anglo-saxon, où deux livres entiers en traitent, qui se situent tous deux dans le cadre de ce que l'on nomme aujourd'hui « philosophie comparative ». Il n'est en effet guère étonnant que les auteurs de ces deux livres entreprennent de mettre en rapport la pensée de l'auteur d'*Uji* avec celle de l'auteur de *Sein und Zeit*, Martin Heidegger. Le livre que Joan Stambaugh (1932-2013), spécialiste de la philosophie allemande, interprète et traductrice de Heidegger, consacre en 1990 à la compréhension de la temporalité chez Dōgen[4] consiste, certes essentiellement, en une interprétation de la notion bouddhiste d'impermanence, qui la conduit

1. Dōgen, *Zenki, Chaque instant est un instant de plénitude*, traduit et commenté par Charles Vacher, Les Belles Lettres, Encre Marine, 2011. *Zenki* est aussi traduit par « activité totale », « total dynamism ».

2. *Ibid.*, p. 39.

3. *Ibid.*, p. 41-43.

4. Joan Stambaugh, *Impermanence is Buddha-Nature: Dōgen's Understanding of Temporality*, Honolulu, The University of Hawaii Press, 1990. J. Stambaugh est l'auteur d'une nouvelle traduction en anglais de *Sein und Zeit*, (*Being and Time*, Albany, State University of New York Press, 1996), la première traduction par John Macquarry and Edward Robinson ayant paru à Londres en 1962.

à mettre en rapport les concepts de certains des grands philosophes de la tradition occidentale avec ceux de Dōgen, mais il se termine sur une comparaison entre Dōgen et Heidegger qui semble tourner à l'avantage de ce dernier. Il en va tout autrement avec le livre, paru en 1985, de Steven Heine, grand spécialiste du bouddhisme japonais et de Dōgen, qui se propose d'établir les bases d'un dialogue philosophique entre Heidegger et Dōgen en mettant en évidence les convergences entre les dimensions existentiales et ontologiques de leurs analyses respectives du temps[1], mais qui n'hésite pas à affirmer en conclusion que la conception du temps comme dynamisme total (*zenki*) qui est celle de Dōgen surpasse celle que l'on trouve chez Heidegger d'une temporalité ekstatique qui donne la priorité à la dimension du futur et ne parvient pas ainsi à véritablement surmonter l'ontologie de la substance[2].

Comme Steven Heine le souligne d'entrée de jeu, ce qui permet de mettre en rapport Dōgen et Heidegger, c'est le fait qu'ils tentent tous deux de surmonter leurs traditions philosophiques respectives, lesquelles sont fondées sur des présupposés inadéquats concernant le temps. Il faut à cet égard rappeler que Heidegger se proposait en effet, dans son livre de 1927, de procéder à une « destruction » ou « déconstruction » de l'histoire de l'ontologie qui devait en fin de compte porter sur le traité d'Aristote sur le temps[3], la conception aristotélicienne du temps qui conçoit le temps comme mesurable et analogue à une ligne dans l'espace étant demeurée à la base de la conception du temps dans la philosophie occidentale. De même, dans la tradition bouddhiste, il existe toute une variété de théories et de pratiques qui proviennent d'une fausse conception de la temporalité, la boddhéité étant par exemple considérée comme une substance permanente ou l'éveil comme une expérience supratemporelle.

Selon Steven Heine, ce qui incontestablement rapproche les deux penseurs, c'est la fondamentale inséparabilité qu'ils établissent tous deux entre le temps et l'être. Mais c'est également leur tentative commune de surmonter la conception que l'on se fait ordinairement du temps, le dynamisme originel de la temporalité se voyant réduit à un temps conçu comme mesurable et constitué d'une série statique d'instants ponctuels. C'est cette conception d'un temps infini et extérieur à l'être humain qui,

1. Steven Heine, *Existential and Ontological Dimensions of Time in Dōgen and Heidegger*, Albany, State University of New York Press, 1985. Le livre inclut une nouvelle traduction annotée de *Uji*.
2. *Ibid.*, p. 142-143.
3. C'est en effet ce que Heidegger annonçait à la fin du § 40 de *Être et temps*.

selon Heidegger, régit la philosophie occidentale de Platon à Nietzsche. Quant à Dōgen, il critique de manière analogue la fausse éternisation et substantialisation de l'impermanence (en japonasi *mujō*) de la boddhéité (*busshō*) qui caractérise ce qu'il nomme l'hérésie de « Senika » (en sanskrit *Srenika*) ou *sennigedō*[1]. C'est en effet la reconnaissance de la radicale contingence de toute existence qui est commune aux deux penseurs car, pour Steven Heine, la notion de finitude qui caractérise la compréhension de l'être chez Heidegger et l'interprétation de l'impermanence chez Dōgen ont un rôle parallèle, permettant aux deux penseurs de surmonter l'ontologie de la substance. Il en conclut que ce que Heidegger et Dōgen partagent, c'est une même centration de leur pensée sur la mort et le mourir en tant que cela constitue le point extrême de l'expérience, et il ajoute que les deux penseurs ont bien montré que la mort pénètre chaque moment de la vie, de sorte que la manière dont chacun se rapporte à sa mortalité décide de ce qui concerne son rapport à la vie[2].

Heidegger, par sa notion de temps originel (*ursprüngliche Zeit*), et Dōgen, dans ce qu'il nomme la vérité de l'être-temps (*uji no dōri*) ont bien montré non seulement que le temps est inséparable de l'existence, mais aussi mis en évidence le dynamisme et la non-substantialité de la temporalité. Mais, selon Steven Heine, dans leur commune tentative de surmonter l'ontologie de la substance, leurs positions respectives se séparent. Car si Dōgen réfute bien l'idée d'un instant séparé du futur et du passé, il n'en affirme pas moins la simultanéité des trois temps dans l'ici et le maintenant (*nikon*), alors que Heidegger, s'il reconnaît bien que passé, présent, futur ne désignent plus des maintenant se succédant sur la « ligne » du temps, mais des modalités co-originaires de l'existence, c'est-à-dire des ekstases, il attribue cependant à l'une d'entre elles, l'avenir, un primat. C'est en effet à partir de l'avenir, c'est-à-dire de l'anticipation de la mort, que se déploie le sens propre de la temporalité d'un être fini. Steven Heine en conclut que la différence fondamentale entre Heidegger et Dōgen consiste en ce que Dōgen insiste sur le fait qu'il ne faut ni attendre ni anticiper la manifestation « authentique » du temps, car il est possible d'avoir un accès à sa non-substantialité dans l'ici et le maintenant[3].

On voit clairement que si Steven Heine est parvenu à établir de manière convaincante les bases d'un dialogue entre les deux penseurs, en dépit de la distance historique et culturelle qui les sépare, on peut cependant

1. *Ibid.*, p. 8 et 38.
2. *Ibid.*, p. 97.
3. *Ibid.*, p. 141.

penser qu'il demeure partial dans le jugement qu'il porte sur Heidegger, du fait qu'il a, en tant que le spécialiste du bouddhisme qu'il est, considéré d'entrée de jeu que la pensée de Dōgen fournit la base d'une critique de ce qu'il considère comme les limites de la philosophie heideggérienne du temps[1]. On pourrait en effet montrer au contraire que Heidegger a bien su décrire le rapport qu'entretiennent les trois dimensions du temps dans le déploiement de la temporalité authentique par opposition à la fixation caractérisant la temporalité dite « inauthentique » sur un présent réduit à ce qui constitue une préoccupation immédiate, sans prise en compte de ce qui constitue pour chacun sa propre capacité à exister.

On peut en particulier s'étonner de ne trouver dans l'analyse que propose Steven Heine de la temporalité existententiale chez Heidegger aucune référence à la manière dont ce dernier caractérise le présent « authentique » comme ce « clin d'œil » qu'est l'instant (*Augenblick*) par lequel l'existant s'ouvre à la situation qu'il occupe dans l'ensemble de l'étant[2]. Ce mode insigne de l'ouverture (*Erschlossenheit*) de l'existant par lequel celui-ci se comprend à partir de ce qui le caractérise en propre, Heidegger le nomme résolution (*Entschlossenheit*) : c'est la différence de particule (*ent-* au lieu de *er-*) qui marque le passage de l'état d'ouverture à la prise en charge de celui-ci. En tant que résolu, le *Dasein*, l'existant *agit* donc déjà, non pas au sens d'une action réelle sur le monde, mais au sens où il se décide pour l'existant de fait qu'il est. Il n'est donc résolu à rien d'autre qu'à ce qu'il est déjà sur le mode inauthentique et de manière impropre. C'est pourquoi la résolution en tant *qu'être proprement soi-même* ne coupe nullement le *Dasein* du monde : il se trouve au contraire transporté en propre auprès de l'étant et dans l'être-avec-les-autres car la résolution n'est rien d'autre que l'être-proprement-au-monde[3]. Ne peut-on donc pas voir dans cette analyse heideggérienne de la résolution une correspondance avec ce que le bouddhisme nomme « éveil » et en particulier avec la manière dont Dōgen le comprend ?

---

1. Voir par exemple ce qu'il déclare p. 36 : « On montrera que tandis que l'analyse de Heidegger du temps du maintenant conduit à mettre l'accent sur la priorité du futur et du passé et à une incapacité à mettre en évidence la temporalité des étants, Dōgen surmonte l'inauthenticité et le caractère statique du point du maintenant en mettant en évidence le fait que le passage (*koryaku*) simultané des trois temps englobe en lui tous les phénomènes. »
2. Voir à cet égard le § 65 de *Être et temps.*
3. *Ibid.*, § 60.

Quoi qu'il en soit, le livre de Steven Heine est la marque d'une avancée considérable dans le champ de la philosophie comparative, et l'on ne peut que saluer les efforts qu'il y a déployés pour poser les bases de ce dialogue entre Orient et Occident qu'il semble aujourd'hui urgent de promouvoir.

C'est précisément à nous engager aujourd'hui dans un tel dialogue que cette nouvelle traduction de *Uji* nous convie.

Françoise DASTUR

Table des matières

Achevé d'imprimer en février 2019
sur les presses de l'imprimerie Chirat
pour le compte des éditions Les Belles Lettres
collection « encre marine »
selon une maquette fournie par leurs soins.
Dépôt légal : février 2019 - N° 201812.0382
ISBN : 978-2-35088-161-4